AF401624

DIRECTIONS

POUR

LA CONSCIENCE

D'UN ROI.

IMPRIMÉ CHEZ PAUL RENOUARD,
RUE DE L'HIRONDELLE, N. 22.

DIRECTIONS

POUR

LA CONSCIENCE

D'UN ROI,

OU

EXAMEN DE CONSCIENCE SUR LES DEVOIRS DE LA ROYAUTÉ,

PAR FÉNÉLON;

TROIS LETTRES DU MÊME

A LOUIS XIV,

A MADAME DE MAINTENON ET A M. DE LOUVILLE.

A PARIS,

CHEZ ANTOINE-AUGUSTIN RENOUARD.

M DCCC XXV.

AVERTISSEMENT.

Imprimées d'abord en Hollande,
en 1734, par les soins du marquis de
Fénélon, petit-neveu de l'archevêque
de Cambrai, les *Directions pour la
conscience d'un roi*[*], placées à la suite
de l'édition in-4° de Télémaque, en

[*] En adoptant le titre employé par les nouveaux éditeurs de Fénélon, *Examen*, etc., j'ai
néanmoins aussi conservé l'ancien : *Directions
pour la conscience d'un Roi*, sous lequel cet
ouvrage a toujours été connu, et que por-
tent toutes les éditions.

furent détachées par l'ordre du ministère de France, et supprimées avec
une rigoureuse exactitude. Plusieurs
années après, les Hollandois qui
avoient eu grande peine à soustraire
à la destruction quelques exemplaires
de cette édition primitive, en firent
une réimpression in-8°. La France
n'en ordonna point la suppression,
ainsi qu'elle l'avoit pu faire pour la
première qui étoit publiée par un de
ses ambassadeurs; mais cette édition
nouvelle ne s'introduisit en France
que clandestinement, et comme livre
prohibé. Enfin, en 1774, Louis XVI,
dans les premiers moments de son
avènement au trône, ayant par hasard eu connoissance de ce livre, fut
extrêmement satisfait de sa lecture,

et chargea l'abbé Soldini, son confesseur, de le faire réimprimer, lui
disant : « Comme je suis résolu de
« remplir tous mes devoirs, je n'ai
« pas d'intérêt à en faire un mystère
« au public : il seroit fâcheux d'ail-
« leurs, pour mes successeurs, qu'un
« aussi bon livre vînt à se perdre. »
Ainsi donc, un livre qui avoit été
rigoureusement défendu et supprimé,
dont on assure même qu'une réimpression furtive avoit occasionné la
ruine absolue d'un imprimeur de province, qui avec sa femme fut amené
à Paris pour y subir une peine infa-
mante, fut en 1774 réimprimé et multiplié par l'ordre exprès d'un vertueux
monarque, qui le lut avec une res-
pectueuse satisfaction, et que n'ef-

fraya point l'austérité de ses préceptes.

A la suite de cet ouvrage composé pour l'usage du petit-fils de Louis XIV, j'ai cru convenable de rassembler trois autres écrits de moindre étendue, adressés l'un au monarque, l'autre à madame de Maintenon, et le troisième à un seigneur françois, pour lui servir de règle de conduite en Espagne, à la cour du petit-fils de Louis XIV.

La lettre à madame de Maintenon fut publiée en 1755, dans le recueil de ses lettres et mémoires, compilation donnée par La Beaumelle, en 15 volumes in-12. La note confidentielle à M. de Louville a paru pour la première fois en 1818, dans les Mémoires de Louville, 2 volumes in-8°; et quant à la Lettre à Louis XIV, depuis long-temps D'Alembert l'avoit imprimée dans ses notes sur l'Éloge de Fénélon, mais cette publication avoit laissé de l'incertitude sur l'authenticité d'un écrit imprimé d'après une copie dont on ne représentoit point l'original; et la sévérité de ses remontrances avoit fait douter non-seulement que cette lettre eût jamais été remise à Louis XIV, mais même que Fénélon en fût véritablement l'auteur. Au reste, quand même le manuscrit original n'eût jamais pu être produit, la preuve n'en seroit pas moins établie aux yeux de toute personne de bonne foi, par la simple lecture comparative des *Directions* et de cette lettre. Les mêmes

*

idées s'y retrouvent, et cette sévérité, dont tout récemment quelques personnes ont voulu faire reproche à l'auteur, est précisément ce que l'on voit aussi dans tout le cours de l'autre ouvrage, dans ces avis que l'auguste élève de Fénélon reçut avec autant de vénération que de reconnoissance. Tout ceci ne pouvoit à la vérité être victorieusement opposé à ceux qui rejettent toute induction, même la plus convainquante, et veulent des faits positifs. Une preuve matérielle et incontestable vient d'être fournie par une circonstance tout-à-fait inattendue.

Une minute de cette lettre, entièrement de la main de Fénélon, mentionnée, il est vrai, par D'Alembert, dans ses notes sur l'Éloge de Fénélon, mais ensevelie et comme perdue dans le cabinet d'un curieux *, vient

---

* Cette lettre originale étoit tellement inconnue que M. le cardinal Bausset, dans son Histoire de Fénélon, dit positivement : « Le manuscrit original n'existe point. M. D'Alembert n'a eu connoissance que de la même copie qui est entre nos mains, et qui lui fut communiquée il y a trente-huit ans. » De ce qu'il n'a pu en voir l'original, M. de Bausset tire cette conclusion, devenue fausse par le fait, Que rien n'est moins authentique que cette lettre publiée par D'Alembert, et qu'il ne croit pas devoir l'attribuer indiscrètement à Fénélon. (*Voyez* Histoire de Fénélon, tom. I, pag. 394-5-6.)

Voltaire non plus ne croyoit pas à l'authenticité de cet écrit; il le témoigne dans une lettre à Condorcet, non imprimée, et que je viens de voir chez M. le général O'Connor,

d'être, pour ainsi dire, révélée au public par son apparition dans une

gendre de Condorcet, et, à ce titre, propriétaire de ses papiers et de ceux de D'Alembert.

J'y ai vu aussi la copie manuscrite qui a servi à la première impression de la Lettre de Fénélon. En marge de cette copie, et de la main de D'Alembert, sont les notes qu'il a imprimées avec cette lettre. Dans la première de ces notes manuscrites, on lit : *L'original que nous avons vu est écrit tout entier de la main de Fénélon*, phrase que D'Alembert n'a point imprimée. J'ignore quelle raison il a pu avoir de la supprimer dans son livre; mais, ce qui est certain, et que je viens de voir de mes propres yeux, c'est qu'elle est écrite de sa main dans la note. Condorcet, dans une lettre à Voltaire, dit aussi : *Le manuscrit existe.* D'Alembert et Condorcet l'avoient donc vu. Au reste, ce procès est terminé, puisque la pièce originale est maintenant produite.

vente de livres : j'en ai fait l'acquisi-
tion *, et une pièce de cette impor-
tance étant impérieusement réclamée
par l'histoire, j'en ai sur-le-champ
publié deux éditions in-8°, l'une de
luxe, avec portraits et une page en
fac simile de la lettre originale, l'autre de moindre prix, sans les portraits, mais avec le *fac simile*, pièce
indispensable comme preuve perma-
nente de l'authenticité de l'écrit, et
que l'on trouvera aussi dans cette
réimpression en plus petit format avec
les portraits de Louis XIV, de madame de Maintenon, et de Fénélon.

La lettre originale se compose de

---

* Le 26 février 1825, à la vente des livres
de feu M. Gentil, à Paris.

24 pages, au haut de la première desquelles est écrite la note suivante, de la main du marquis de Fénélon.

> Minutte d'une lettre de M. Labbé de Fenelon au Roy, a qui elle fut remise dans le temps par M. le D. de B*, et qui, loin de s'en indisposer, choisit au contraire quelque temps apres cet abbé pour precepteur des princes ses petits Enfants. Cette minutte est toutte de lescriture de M. Labbé de Fenelon depuis archevesque de Cambray.

Cette note n'est point exacte. Fénélon étoit, dès l'année 1689, précepteur de M. le duc de Bourgogne, et sa lettre faisant mention de Louvois comme n'existant plus, n'a pu être écrite qu'après la mort de ce ministre,

arrivée le 16 juillet 1691. Il est pro-
bable qu'elle est de 1694, année dans
laquelle la cherté du pain occasionna
plusieurs émeutes.

ANT. AUG. RENOUARD.

*Au moment où j'achevois l'impression de ce
Recueil, M. Tabaraud a bien voulu me commu-
niquer la note suivante qu'il imprime dans la
France Catholique, n° XVI, et que je reproduis ici
parce qu'elle me semble trancher la question et
dissiper tout ce qui pouvoit rester d'obscurité sur
la Lettre à Louis XIV.*

NOUVEAUX ÉCLAIRCISSEMENTS SUR LA LET-
TRE DE M. DE FÉNÉLON A LOUIS XIV.

Avant que M. Renouard eût découvert et
publié cette Lettre, d'après l'autographe de
l'Auteur, on avoit bien des raisons pour en

contester l'authenticité. Toutes ces raisons ont disparu par l'impression du *fac simile* dont chacun peut aisément justifier la vérité en le comparant avec l'original, que l'Editeur offre de montrer aux curieux. On n'a pas la même certitude sur l'époque où elle a été écrite, et sur le fait de l'envoi à son adresse. Deux lettres de madame de Maintenon au cardinal de Noailles, qui n'ont pas encore été citées dans cette discussion, nous semblent devoir jeter quelque jour sur ces deux faits.

Dans la première, qui est du 21 décembre 1695, madame de Maintenon s'exprime ainsi : « Voici « une lettre qu'on lui a écrite (à Louis XIV) il « y a deux ou trois ans : Elle est bien faite, « mais de telles vérités ne peuvent le ramener ; « elles l'irritent ou le découragent. Il ne faut « ni l'un ni l'autre, mais le conduire dou- « cement où l'on veut le mener. J'ai dans l'es- « prit que si on ne l'avoit pas éloigné de moi, « nous aurions continué comme il commençoit « il y a cinq ou six ans. Je ne méritois pas un « tel bonheur; je serai bien contente s'il vous « est réservé........ »

Quatre jours après Madame de Maintenon écrivoit au même cardinal : « Je suis bien aise « que vous trouviez la lettre que je vous ai con- « fiée trop dure, elle m'a toujours paru telle ; « Ne connoissez-vous pas le style. »

Il est évident que ces deux lettres se rapportent à celle qui fait le sujet de cette discussion : la chose n'a pas besoin de preuve. La première oblige nécessairement d'en placer la date dans quelqu'une des années 1692, 93, 94, où la d - sette du blé et la cherté du pain occasionnèrent des émeutes dans plusieurs endroits du royaume ; et ces mots de la dernière, *ne connoissez-vous pas le style*, en désignent assez clairement l'auteur. Madame de Maintenon étoit alors fort occupée de la conversion de Louis XIV, et très persuadée qu'on ne pouvoit y réussir qu'en le détachant de son confesseur, qui l'entretenoit dans un état d'indifférence à cet égard. Fénélon étoit le confident et le conseil de cette dame, il avoit du ressentiment contre le père La Chaise qui, mécontent de sa mission en Poitou, l'avoit fait rayer de la liste des bénéfices, sur laquelle il étoit inscrit pour l'évêché de Poitiers. Les deux

confidents en vouloient également à M. de Harlay, archevêque de Paris, qui s'entendoit avec
le confesseur pour captiver entièrement la confiance du Roi. C'est ce qui nous explique le por-
trait peu favorable que la Lettre fait de l'un et
de l'autre ; on y reconnoît, d'ailleurs, selon la
remarque de M. de Rulhière, les principes de
religion, de morale et de politique, que madame de Maintenon, et quelques personnes qui
concouroient au même dessein, s'efforçoient
d'inspirer à Louis XIV. *

Il est bien vrai qu'elle y essuie quelques reproches sur sa foiblesse et sa timidité, parce
qu'elle n'osoit pas profiter des avantages de sa
position pour faire elle-même au Roi les repré-
sentations convenables sur son état; reproches
dont elle se justifie assez bien dans ses lettres.
Mais cela prouveroit tout au plus que la Lettre
n'auroit pas été concertée avec elle, quoique
l'auteur n'eût fait qu'exprimer le résultat de
ce qui se disoit dans leur société. Aussi n'en

* Éclaircissements sur la révocation de l'Édit de Nantes,
part. II, page 207.

blâme-t-elle que la forme, sans désapprouver le fond des reproches. Voilà pourquoi, en l'envoyant à M. de Noailles, récemment élevé sur le siège de Paris, afin qu'elle servît à le diriger dans ses rapports confidentiels avec le Roi, elle lui recommande de s'y prendre avec plus d'adresse et de douceur, s'il vouloit réussir à le ramener.

DIRECTIONS

POUR

LA CONSCIENCE

D'UN ROI,

OU

EXAMEN DE CONSCIENCE SUR LES DEVOIRS DE LA ROYAUTÉ.

INTRODUCTION.

Personne ne souhaite plus que moi, Monseigneur*, que vous soyez un très grand nombre d'années loin des périls inséparables de la royauté. Je le souhaite par zèle pour la conservation de la per-

* Louis de France, duc de Bourgogne, petit-fils de Louis XIV, né à Versailles, le 6 août 1682, et mort le XXe dauphin de la maison de France, à Marli, le 18 fév. 1712.

1

sonne sacrée du Roi, si nécessaire à son royaume, et de celle de Monseigneur le Dauphin *. Je le souhaite pour le bien de l'Etat. Je le souhaite pour le vôtre même : car, un des plus grands malheurs qui vous pût arriver, seroit d'être le maître des autres, dans un âge où vous l'êtes encore si peu de vous-même. Mais il faut vous préparer de loin aux dangers d'un état, dont je prie Dieu de vous préserver jusqu'à l'âge le plus avancé de la vie. La meilleure manière de faire connoître cet état à un prince qui craint Dieu et qui aime la religion, c'est de lui faire un *examen de conscience* sur les devoirs de la royauté. Et c'est ce que je vais tâcher de faire.

* Louis de France, fils de Louis XIV, né à Fontainebleau le 1ᵉʳ novembre, 1661, et mort à Meudon le 14 avril 1711.

ARTICLE PREMIER.

De l'Instruction nécessaire à un Prince.

§ I.

Connoissez - vous assez toutes les vérités du christianisme? Vous serez jugé sur l'Evangile comme le moindre de vos sujets. Etudiez - vous vos devoirs dans cette loi divine ? Souffririez-vous qu'un magistrat jugeât tous les jours les peuples en votre nom, sans savoir vos lois et vos ordonnances, qui doivent être la règle de ses jugements ? Espérez - vous que Dieu souffrira que vous ignoriez sa loi, suivant laquelle il veut que vous viviez et que vous gouverniez son peuple? Lisez-vous l'Evangile sans curiosité, avec une docilité humble, dans un esprit de pratique, et vous tournant contre vous-même pour vous condamner dans toutes les choses que cette loi reprendra en vous?

§ II.

Ne vous êtes-vous point imaginé que l'Evangile ne doit point être la règle des Rois, comme celle de leurs sujets ; que la politique les dispense d'être humbles, justes, sincères, modérés, compatissants, prêts à pardonner les injures ? Quelque lâche et corrompu flatteur ne vous a-t-il point dit , et n'avez-vous point été bien aise de croire, que les Rois ont besoin de se gouverner, pour leurs Etats, par certaines maximes de hauteur, de dureté, de dissimulation, en s'élevant au-dessus des règles communes de la justice et de l'humanité ?

§ III.

N'avez - vous point cherché les conseillers en tout genre, les plus disposés à vous flatter dans vos maximes d'ambition, de vanité, de faste, de mollesse et d'artifice? N'avez-vous point eu peine à croire les hommes fermes et désintéressés, qui ne desirant rien de vous, et ne se laissant point éblouir par votre grandeur, vous auroient dit avec respect toutes vos vérités, et vous auroient contredit, pour vous empêcher de faire des fautes?

§ IV.

N'avez-vous pas été bien-aise, dans les replis les plus cachés de votre cœur, de ne pas voir le bien que vous n'aviez pas envie de faire, parce qu'il vous en auroit trop coûté pour le pratiquer : et n'avez-vous point cherché des raisons pour excuser le mal auquel votre inclination vous portoit?

§ V.

N'avez-vous point négligé la prière, pour demander à Dieu la connoissance de ses volontés sur vous? Avez-vous cherché dans la prière la grâce pour profiter de vos lectures? Si vous avez négligé de prier, vous vous êtes rendu coupable de toutes les ignorances où vous avez vécu, et que l'esprit de prière vous auroit ôtées. C'est peu de lire les vérités éternelles, si on ne prie pour obtenir le don de les bien entendre. N'ayant pas bien prié, vous avez mérité les ténèbres où Dieu vous a laissé sur la correction de vos défauts, et sur l'accomplissement de vos devoirs. Ainsi la négligence , la tiédeur et la distraction volontaire dans la prière, qui passent pour l'ordinaire pour les plus légères de toutes les fautes , sont néanmoins la vraie source de l'ignorance et de l'aveuglement funeste où vivent la plupart des princes.

§ VI.

Avez-vous choisi pour votre conseil de conscience , les hommes les plus pieux, les plus fermes et les plus éclairés, comme on cherche les meilleurs généraux d'armée pour commander pendant la guerre, et les meilleurs médecins quand on est malade ? Avez-vous composé ce conseil de conscience de plusieurs personnes , afin que l'une puisse vous préserver des préventions de l'autre; parce que tout homme, quelque droit et habile qu'il

puisse être, est toujours capable de prévention? Avez-vous craint les inconvénients
qu'il y a à se livrer à un seul homme ?
Avez-vous donné à ce conseil une entière liberté de vous découvrir, sans
adoucissement, toute l'étendue de vos
obligations de conscience?

§ VII.

Avez-vous travaillé à vous instruire
des lois, coutumes et usages du royaume?
Le Roi est le premier juge de son Etat.
C'est lui qui fait les lois ; c'est lui qui les
interprète dans le besoin ; c'est lui qui
juge souvent, dans son conseil, suivant
les lois qu'il a établies, ou trouvées déjà
établies avant son règne. C'est lui qui
doit redresser tous les autres juges. En
un mot, sa fonction est d'être à la tête de
toute la justice pendant la paix, comme

d'être à la tête des armées pendant la guerre. Et comme la guerre ne doit jamais être faite qu'à regret, le plus courtement qu'il est possible, et en vue d'une constante paix, il s'ensuit que la fonction de commander des armées n'est qu'une fonction passagère, forcée et triste pour les bons Rois : au lieu que celle de juger les peuples, et de veiller sur tous les juges, est leur fonction naturelle, essentielle, ordinaire et inséparable de la royauté. Bien juger, c'est juger selon les lois. Pour juger selon les lois, il les faut savoir. Les savez-vous, et êtes-vous en état de redresser les juges qui les ignorent? Connoissez-vous assez les principes de la jurisprudence, pour être facilement au fait, quand on vous rapporte une affaire? Êtes-vous en état de discerner, entre vos conseillers, ceux qui vous flattent d'avec ceux qui ne vous flattent pas; et ceux

qui suivent religieusement les règles, d'a-
vec ceux qui voudroient les plier d'une
façon arbitraire selon leurs vues ? Ne dites point que vous suivez la pluralité des
voix : car, outre qu'il y a des cas de par-
tage dans votre conseil, où votre avis
doit décider, ne fussiez-vous - là que
comme un président de compagnie; de
plus, vous êtes-là le seul vrai juge. Vos
conseillers d'État, ou ministres, ne sont
que de simples consulteurs : c'est vous seul
qui décidez effectivement. La voix d'un
seul homme de bien, éclairé, doit souvent être préférée à celle de dix juges
timides et foibles, ou entêtés et corrompus. C'est le cas où l'on doit plutôt peser
que compter les voix.

§ VIII.

Avez-vous étudié la vraie forme du
gouvernement de votre royaume ? Il ne

suffit pas de savoir les lois qui règlent la
propriété des·terres et autres biens,
entre les particuliers : c'est sans doute
la moindre partie de la justice. Il s'agit
de celle que vous devez garder entre
votre nation et vous, entre vous et vos
voisins. Avez-vous étudié sérieusement
ce qu'on nomme le *droit des gens :* droit
qu'il est d'autant moins permis à un Roi
d'ignorer, que c'est le droit qui règle sa
conduite dans ses plus importantes fonctions, et que ce droit se réduit aux principes les plus évidents du droit naturel
pour tout le genre humain? Avez-vous
étudié les lois fondamentales et les coutumes constantes qui ont force de loi pour
le gouvernement général de votre nation
particulière ? Avez-vous cherché à connoître sans vous flatter, quelles sont les
bornes de votre autorité? Savez-vous par
quelles formes le royaume s'est gouverné

sous les diverses races ? Ce que c'étoit
que les anciens parlements et les états-
généraux qui leur ont succédé ; quelle
étoit la subordination des fiefs ; comment
les choses ont passé à l'état présent ; sur
quoi ce changement est fondé ; ce que c'est
que l'anarchie ; ce que c'est que la puissance arbitraire ; et ce que c'est que la
royauté réglée par les lois, milieu entre
les deux extrémités ? Souffririez - vous
qu'un juge jugeât , sans savoir l'ordon-
nance, et qu'un général d'armée comman-
dât, sans savoir l'art militaire? Croyez-
vous que Dieu souffre, si vous régnez, que
vous régniez sans être instruit de ce qui
doit borner et régler votre puissance? Il
ne faut donc pas regarder l'étude de l'histoire, des mœurs et de tout le détail de l'an-
cienne forme du gouvernement, comme
une curiosité indifférente, mais comme
un devoir essentiel de la royauté.

§ IX.

Il ne suffit pas de savoir le passé; il faut connoître le présent. Savez-vous le nombre d'hommes qui composent votre nation; combien d'hommes, combien de femmes, combien de laboureurs, combien d'artisans, combien de praticiens, combien de commerçants, combien de prêtres et de religieux, combien de nobles et de militaires? Que diroit-on d'un berger qui ne sauroit pas le nombre de son troupeau? Il est aussi facile à un Roi de savoir le nombre de son peuple : il n'a qu'à le vouloir. Il doit savoir, s'il y a assez de laboureurs; s'il y a à proportion trop d'autres artisans; trop de praticiens, trop de militaires à la charge de l'Etat. Il doit connoître le naturel des habitants de ses différentes provinces, leurs principaux

usages, leurs franchises, leur commerce et
les lois de leurs divers trafics au-dedans et
au-dehors du royaume. Il doit savoir quels
sont les divers tribunaux établis en chaque
province, les droits des charges, les abus
de ces charges, etc.; autrement il ne
saura point la valeur de la plupart des
choses qui passeront devant ses yeux :
ses ministres lui en imposeront sans peine
à toute heure : il croira tout voir, et ne
verra rien qu'à demi. Un Roi ignorant
sur toutes ces choses, n'est qu'à demi
Roi. Son ignorance le met hors d'état de
redresser ce qui est de travers. Son ignorance fait plus de mal que la corruption
des hommes qui gouvernent sous lui.

ARTICLE II.

De l'Exemple qu'un prince doit à ses sujets.

§ X.

On dit d'ordinaire aux Rois, qu'ils ont moins à craindre les vices de particuliers, que les défauts auxquels ils s'abandonnent dans les fonctions royales. Pour moi, je dis hardiment le contraire, et je soutiens que toutes leurs fautes dans la vie la plus privée sont d'une conséquence infinie pour la royauté. Examinez donc vos mœurs en détail. Les sujets sont de serviles imitateurs de leurs princes, surtout dans les choses qui flattent leurs passions. Leur avez-vous donné le mauvais exemple d'un amour déshonnête et criminel? Si vous l'avez fait, votre autorité a mis en honneur l'infamie ; vous avez rompu la barrière de la pudeur et de l'honnêteté : vous avez fait triompher le vice et l'impudence : vous avez appris à tous vos sujets à ne rougir plus de ce qui est honteux : leçon funeste qu'ils n'oublieront jamais ! *Il vaudroit mieux*, dit Jésus-Christ, *être jeté avec une meule de moulin au cou, au fond des abîmes de la mer, que d'avoir scandalisé le moindre des petits.* Quel est donc le scandale d'un Roi qui montre le vice assis avec lui sur son trône, non-seulement à tous ses sujets, mais encore à toutes les cours et à toutes les nations du monde connu ! Le vice est par lui-même un poison contagieux. Le genre humain est toujours prêt à recevoir cette contagion : il ne tend, par ses inclinations, qu'à secouer le joug de toute pudeur. Une étincelle cause un incendie ; une action d'un

Roi fait souvent une multiplication et un enchaînement de crimes, qui s'étendent jusqu'à plusieurs nations et à plusieurs siècles. N'avez-vous point donné de ces mortels exemples? Peut-être croyez-vous que vos désordres ont été secrets. Non: le mal n'est jamais secret dans les princes. Le bien y peut être secret; car on a grande peine à le croire véritable en eux : mais pour le mal, on le devine, on le croit sur les moindres soupçons. Le public pénètre tout ; et souvent, pendant que le prince se flatte que ses foiblesses sont ignorées, il est le seul qui ignore combien elles sont l'objet de la plus maligne critique. En lui, tout commerce équivoque est sujet à explication : toute apparence de galanterie, tout air passionné ou amusé, cause un scandale, et porte coup pour altérer les mœurs de toute une nation.

§ XI.

N'avez-vous point autorisé une liberté immodeste dans les femmes ? Ne les admettez-vous dans votre cour, que pour le vrai besoin ? N'y sont-elles qu'auprès de la Reine ou des princesses de votre maison ? Choisissez-vous pour ces places des femmes d'un âge mûr et d'une vertu éprouvée ? Excluez-vous de ces places, les jeunes femmes d'une beauté qui seroit un piège pour vous et pour vos courtisans ? Il vaut mieux que de telles personnes demeurent dans une vie retirée, au milieu de leur famille, loin de la cour. Avez-vous exclus de votre cour toutes les dames qui n'y sont point nécessaires dans les places auprès des princesses ? Avez-vous soin de faire en sorte que les princesses elles-mêmes soient

modestes, retirées, et d'une conduite ré-
gulière en tout? En diminuant le nombre
des femmes de la cour, et en les choi-
sissant le mieux que vous pouvez, avez-
vous soin d'écarter celles qui introdui-
sent des libertés dangereuses, et d'empêcher que les courtisans corrompus ne
les voient en particulier, hors des heures
où toute la cour se rassemble? Toutes ces
précautions paroissent maintenant des
scrupules et des sévérités outrées : mais,
si on remonte aux temps qui ont précédé
le règne de François Ier, on trouvera
qu'avant la licence scandaleuse introduite
par ce prince, les femmes de la première
condition, surtout celles qui étoient jeunes et belles, n'alloient point à la cour.
Tout au plus, elles y paroissoient très
rarement, pour aller rendre leurs devoirs à la Reine : ensuite, leur honneur
étoit de demeurer à la campagne, dans leur

famille. Ce grand nombre de femmes, qui vont librement partout à la cour, est un abus monstrueux auquel on a accoutumé la nation. N'avez-vous point autorisé cette pernicieuse coutume ? N'avez-vous point attiré ou conservé, par quelque distinction dans votre cour, quelque femme d'une conduite actuellement suspecte, ou du moins qui a autrefois mal édifié le monde ? Ce n'est point à la cour, que ces personnes profanes doivent faire pénitence : qu'elles l'aillent faire dans des retraites, si elles sont libres ; ou dans leurs familles, si elles sont attachées au monde par leurs maris encore vivants. Mais écartez de votre cour tout ce qui n'a pas été régulier ; puisque vous avez à choisir parmi toutes les femmes de qualité de votre royaume, pour remplir les places.

§ XII.

Avez-vous soin de réprimer le luxe, et d'arrêter l'inconstance ruineuse des modes ? C'est ce qui corrompt la plupart des femmes. Elles se jettent à la cour dans des dépenses qu'elles ne peuvent soutenir sans crime. Le luxe augmente en elles la passion de plaire ; et leur passion pour plaire se tourne principalement à tendre des pièges au Roi. Il faudroit qu'il fût insensible et invulnérable, pour résister à toutes ces femmes pernicieuses qu'il tient autour de lui : c'est une occasion toujours prochaine dans laquelle il se met. N'avez-vous point souffert que les personnes les plus vaines et les plus prodigues, aient inventé de nouvelles modes pour augmenter les dépenses? N'avez-vous pas vous-même contribué à un si grand mal , par une magnificence excessive? Quoique vous soyez Roi, vous devez éviter tout ce qui coûte beaucoup, et que d'autres voudroient avoir comme vous. Il est inutile d'alléguer que nul de vos sujets ne doit se permettre un extérieur qui ne convient qu'à vous : les princes qui vous touchent de près, voudront faire à-peu-près ce que vous ferez ; les grands seigneurs se piqueront d'imiter les princes; les gentils-hommes voudront être comme les seigneurs ; les financiers surpasseront les seigneurs mêmes, et tous les bourgeois voudront marcher sur les traces des financiers, qu'ils ont vu sortir de la boue.

Personne ne se mesure et ne se fait justice : de proche en proche le luxe passe, comme par une nuance imperceptible, de la plus haute condition à la lie du peuple. Si vous avez de la broderie, les valets de chambre en porteront. Le seul moyen d'arrêter tout court le luxe, est de donner vous-même l'exemple que Saint Louis donnoit d'une grande simplicité. L'avez-vous donné en tout, cet exemple si nécessaire ? Il ne suffit pas de le donner en habits, il faut le donner en meubles, en équipages, en table, en bâtiments, etc. Sachez comment les Rois vos prédécesseurs étoient logés et meublés ; sachez quels étoient leurs repas et leurs voitures ; vous serez étonné des prodiges de luxe où nous sommes tombés. Il y a aujourd'hui plus de carosses à six chevaux dans Paris, qu'il n'y avoit de mules il y a cent ans. Chacun n'avoit point une chambre : une seule chambre avec plusieurs lits, suffisoit pour plusieurs personnes. Maintenant chacun ne se peut plus passer d'appartements vastes et d'enfilades. Chacun veut avoir des jardins où l'on renverse toute la terre, des jets-d'eau, des statues, des parcs sans bornes, des maisons dont l'entretien surpasse le revenu des terres où elles sont situées. D'où tout cela vient-il ? De l'exemple d'un seul. L'exemple seul peut redresser les mœurs de toute la nation. Nous voyons même que la folie de nos modes est contagieuse chez tous nos voisins. Toute l'Europe, si jalouse de la France, ne peut s'empêcher de se soumettre sérieusement à nos lois, dans ce que nous avons de plus frivole et de plus pernicieux. Encore une fois, telle est la force de l'exemple du prince, qu'il peut lui seul, par sa modération, ramener au bon sens ses propres peuples et les peuples voisins. Puisqu'il le peut, il le doit sans doute. L'avez-vous fait ?

§ XIII.

N'avez-vous point donné un mauvais exemple, ou pour des paroles trop libres, ou pour des railleries piquantes, ou pour des manières indécentes de parler sur la religion ? Les courtisans sont de serviles imitateurs, qui font gloire d'avoir tous les défauts du prince. Avez-vous repris l'irréligion jusque dans les moindres mots par lesquels on voudroit l'insinuer? Avez-vous fait sentir votre sincère indignation contre l'impiété? N'avez-vous rien laissé de douteux là-dessus ? N'avez-vous jamais été retenu par une mauvaise honte qui vous ait fait rougir de l'Evangile ? Avez-vous montré par vos discours et par vos actions, votre foi sincère et votre zèle pour le christianisme ? Vous êtes-vous servi de votre autorité pour rendre l'irréligion muette? Avez-vous écarté avec horreur les plaisanteries malhonnêtes, les discours équivoques, et toutes les autres marques de libertinage?

ARTICLE III.

De la Justice qui doit présider à tous les actes du gouvernement.

§ XIV.

N'avez-vous rien pris à aucun de vos sujets par pure autorité et contre les règles? L'avez-vous dédommagé, comme un particulier l'auroit fait, quand vous avez pris sa maison, ou enfermé son champ dans votre parc, ou supprimé sa charge, ou éteint sa rente? Avez-vous examiné à fond les vrais besoins de l'E-tat, pour les comparer avec l'inconvé-nient des taxes avant que de charger vos peuples? Avez-vous consulté sur une

si importante question , les hommes les
plus éclairés , les plus zélés pour le bien
public , et les plus capables de vous dire
la vérité sans flatterie ni mollesse ? N'a-
vez-vous point appelé *nécessité de l'E-
tat*, ce qui ne servoit qu'à flatter votre
ambition , comme une guerre pour faire
des conquêtes , et pour acquérir de la
gloire ? N'avez-vous point appelé *besoins de l'Etat* vos propres prétentions ?
Si vous aviez des prétentions personnelles
pour quelque succession dans les Etats
voisins , vous deviez soutenir cette guerre
sur votre domaine , sur vos épargnes ,
sur vos emprunts personnels ; ou du
moins , ne prendre à cet égard que les
secours qui vous auroient été donnés par
la pure affection de vos peuples ; et non
pas les accabler d'impôts , pour soutenir
des prétentions qui n'intéressent point
vos sujets : car ils n'en seront point plus

heureux, quand vous aurez une province de plus. Quand Charles VIII alla à Naples, pour recueillir la succession de la maison d'Anjou, il entreprit cette guerre à ses dépens personnels : l'État ne se crut point obligé aux frais de cette entreprise. Tout au plus, vous pourriez recevoir en de telles occasions, les dons des peuples, faits par affection, et par rapport à la liaison qui est entre les intérêts d'une Nation zélée et d'un Roi qui la gouverne en père. Mais selon cette vue, vous seriez bien éloigné d'accabler les peuples d'impôts pour votre intérêt particulier.

§ XV.

N'avez-vous point toléré des injustices, lors même que vous vous êtes abstenu d'en faire ? Avez-vous choisi avec assez de soin, toutes les personnes que vous

avez mises en autorité, les Intendants,
les Gouverneurs, les Ministres, etc. N'en
avez-vous choisi aucun par mollesse pour
ceux qui vous les proposoient, ou par un
secret desir qu'il poussassent au-delà des
vraies bornes votre autorité ou vos revenus? Vous êtes-vous informé de leur
administration? Avez vous fait entendre
que vousétiez prêt à écouter des plaintes
contre eux, et à en faire bonne justice?
L'avez-vous faite quand vous avez découvert leurs fautes?

§ XVI.

N'avez-vous point donné, on laissé
prendre à vos ministres, des profits ex-
cessifs que leurs services n'avoient point
mérités? les récompenses que le prince
donne à ceux qui servent sous lui l'État,
doivent toujours avoir certaines bornes.

3.

Il n'est point permis de leur donner des
fortunes qui surpassent celles des gens de
la plus haute condition, ni qui soient
disproportionnées aux forces présentes
de l'Etat. Un ministre, quelques services
qu'il ait rendus, ne doit point parvenir
tout-à-coup à des biens immenses, pendant que les peuples souffrent, et que
les princes et les seigneurs du premier
rang sont nécessiteux. Il est encore moins
permis de donner de telles fortunes à des
favoris, qui, d'ordinaire, ont encore
moins servi l'Etat que les ministres.

§ XVII.

Avez-vous donné à tous les commis
des bureaux de vos ministres, et aux
autres personnes qui remplissent les
emplois subalternes, des appointements
raisonnables pour pouvoir subsister

honnêtement sans rien prendre des ex-
péditions ? En même temps, avez-vous
réprimé le luxe et l'ambition de ces gens-
là ? Si vous ne l'avez pas fait, vous êtes
responsable de toutes les exactions se-
crètes qu'ils ont faites dans leurs fonctions. D'un côté, ils n'entrent dans ces
places, qu'en comptant qu'ils y vivront
avec éclat, et qu'ils y feront de promptes
fortunes. D'un autre côté, ils n'ont pas
d'ordinaire, en appointements, le tiers
de l'argent qu'il leur faut pour la dépense
honorable qu'ils font avec leurs familles.
Ils n'ont d'ordinaire aucun bien par leur
naissance : que voulez-vous qu'ils fassent?
Vous les mettez dans une espèce de nécessité de prendre en secret tout ce qu'ils peuvent attraper sur l'expédition des affaires.
Cela est évident : et c'est fermer les yeux
de mauvaise foi, que de ne le pas voir.
Il faudroit que vous leur donnassiez da-

vantage, et que vous les empêchassiez de se mettre sur un trop haut pied.

§ XVIII.

Avez-vous cherché les moyens de soulager les peuples, et de ne prendre sur eux que ce que les vrais besoins de l'État vous ont contraint de prendre pour leur propre avantage? Le bien des peuples ne doit être employé qu'à la vraie utilité des peuples mêmes. Vous avez votre domaine qu'il faut retirer et liquider : il est destiné à la subsistance de votre maison. Vous devez modérer cette dépense domestique, surtout quand vos revenus de domaine sont engagés, et que les peuples sont épuisés. Les subventions des peuples doivent être employées pour les vraies charges de l'État. Vous devez vous étudier à retrancher dans les temps de pauvreté publique, toutes les charges qui ne sont pas d'une absolue nécessité. Avez-vous consulté les personnes les plus habiles et les mieux intentionnées, qui peuvent vous instruire de l'état des provinces, de la culture des terres, de la fertilité des années dernières, de l'état du commerce, etc., pour savoir ce que l'Etat peut payer sans souffrir ? Avez-vous réglé là-dessus les impôts de chaque année? Avez-vous écouté favorablement les remontrances des gens de bien? Loin de les réprimer, les avez-vous cherchées et prévenues, comme un bon prince le doit faire? Vous savez qu'autrefois le Roi ne prenoit jamais rien sur les peuples par sa seule autorité : c'étoit le parlement, c'est-à-dire, l'assemblée de la nation qui lui accordoit les fonds nécessaires pour les besoins extraordinaires de l'Etat : hors de ce cas, il vivoit de son domaine. Qu'est-ce qui a changé cet ordre, sinon l'auto-

rité absolue que les Rois ont prise? De
nos jours on voyoit encore les parlements, qui sont des compagnies infiniment
inférieures aux anciens parlements ou
Etats de la nation, faire des remontrances pour n'enregistrer pas les édits bur-
saux. Du moins devez - vous n'en faire
aucun, sans avoir bien consulté des personnes incapables de vous flatter, et qui
aient un véritable zèle pour le bien public. N'avez-vous point mis sur les peuples de nouvelles charges pour soutenir
vos dépenses superflues, le luxe de vos
tables, de vos équipages et de vos meubles, l'embellissement de vos jardins et
de vos maisons, les grâces excessives que
vous avez prodiguées à vos favoris?

§ XIX.

N'avez-vous point multiplié les charges
et offices, pour tirer de leur création de

nouvelles sommes ? De telles créations ne sont que des impôts déguisés : elles se tournent toutes à l'oppression des peuples, et elles ont trois inconvénients que les simples impôts n'ont pas. 1°Elles sont perpétuelles , quand on n'en fait pas le remboursement ; et si on en fait le remboursement , ce qui est ruineux pour vos sujets, on recommence bientôt ces créations. 2° Ceux qui achètent les offices créés, veulent retrouver au plus tôt leur argent avec usure ; vous leur livrez le peuple pour l'écorcher. Pour cent mille francs qu'on vous donnera, par exemple, sur une création d'offices, vous livrez le peuple pour cinq cent mille francs de vexations , qu'il souffrira sans rèmède. 3° Vous ruinez par ces multiplications d'offices, la bonne police de l'Etat; vous rendez la justice de plus en plus vénale; vous en rendez la réforme de plus en plus impraticable : vous obérez toute la nation; car ces créations deviennent des espèces de dettes de la nation entière : enfin, vous réduisez tous les arts et toutes les fonctions à des monopoles qui gâtent et qui abâtardissent tout. N'avez - vous point à vous reprocher de telles créations, dont les suites seront pernicieuses pendant plusieurs siècles? Le plus sage et le meilleur de tous les Rois, dans un règne paisible de cinquante ans, ne pourroit raccommoder ce qu'un Roi peut avoir fait de maux par ces sortes de créations, en dix ans de guerre. N'avez-vous point été trop facile pour des courtisans, qui, sous prétexte d'épargner vos finances dans les récompenses qu'ils vous ont demandées, vous ont proposé ce qu'on appelle des *affaires ?* Ces affaires sont toujours des impôts déguisés sur le peuple, qui troublent la police, qui énervent la justice , qui dégradent les arts , qui gênent le commerce, qui chargent le public pour contenter en peu de temps l'avidité d'un courtisan fastueux et prodigue. Renvoyez vos courtisans passer quelques années dans leurs terres, pour raccommoder leurs affaires. Apprenez – leur à vivre avec frugalité. Montrez-leur que vous n'estimez que ceux qui vivent avec règle et qui gouvernent bien leurs affaires. Témoignez du mépris pour ceux qui se ruinent follement. Par là vous leur ferez plus de bien , sans qu'il en coûte un sou, ni à vous , ni à vos peuples, que si vous leur prodiguiez tout le bien public.

§ XX.

N'avez – vous jamais toléré et voulu ignorer que vos ministres aient pris le

bien des particuliers pour votre usage,
sans le payer sa juste valeur, ou du moins
retardant le paiement du prix, en sorte
que ce retardement a porté dommage
aux vendeurs forcés? C'est ainsi que des
ministres prennent les maisons des particuliers pour les enfermer dans les palais
des rois ou dans leurs fortifications. C'est
ainsi qu'on dépossède les propriétaires de
leurs seigneuries, ou fiefs, ou héritages,
pour les mettre dans des parcs. C'est ainsi
qu'on établit des capitaineries de chasse,
où les capitaines, accrédités auprès du
prince, ôtent la chasse aux seigneurs dans
leurs propres terres jusqu'à la porte de
leurs châteaux, et font mille vexations
au pays. Le prince n'en sait rien, et peut-
être n'en veut rien savoir. C'est à vous à
savoir le mal qu'on fait par votre autorité ; informez-vous de la vérité. Ne souf-
frez point qu'on pousse trop loin votre

autorité : écoutez favorablement ceux qui vous en représenteront les bornes : choisissez des ministres qui osent vous dire en quoi on la pousse trop loin : écartez les ministres durs, hautains et entreprenants.

§ XXI.

Dans les conventions que vous faites avec les particuliers, êtes-vous juste comme si vous étiez égal à celui avec qui vous traitez ? Est-il libre avec vous comme avec un de ses voisins ? N'aime-t-il pas mieux souvent perdre, pour se racheter et pour se délivrer de vexation, que de soutenir son droit ? Vos fermiers, vos traitants, vos intendants, etc. ne tranchent-ils point avec une hauteur que vous n'auriez pas vous-même ; et n'étouffent-ils pas la voix du foible qui voudroit se plaindre? Ne donnez-vous pas souvent à l'homme avec qui vous contractez, des dédommagements en rentes, en engagements sur votre domaine, en charges de nouvelle création, qu'un coup de plume de votre successeur peut lui retrancher; parce que les Rois sont toujours mineurs, et leur domaine inaliénable? Ainsi on ôte aux particuliers leurs patrimoines assurés, pour leur donner ce qui leur sera ôté dans la suite, avec une ruine inévitable de leurs familles.

§ XXII.

N'avez-vous point accordé aux traitants, pour hausser leurs fermes, des édits, ou déclarations, ou arrêts, avec des termes ambigus, pour étendre vos droits aux dépens du commerce, et même pour tendre des pièges aux marchands, et

pour confisquer leurs marchandises, ou
du moins les fatiguer et les gêner dans
leur commerce, afin qu'ils se rachètent
par quelque somme? C'est faire tort et
aux marchands, et au public, dont on
anéantit peu-à-peu par là tout le né-
goce.

§ XXIII.

N'avez-vous point toléré des enrôle-
ments qui ne fussent pas véritablement
libres ! Il est vrai que les peuples se doivent à la défense de l'État : mais ce n'est
que dans les guerres justes et absolument
nécessaires : mais il faudroit qu'on choisit en chaque village les jeunes hommes
libres, dont l'absence ne nuiroit en rien
ni au labourage, ni au commerce, ni aux
autres arts nécessaires, et qui n'ont point
de famille à nourrir : mais il faudroit une

fidélité inviolable à leur donner leur
congé après un petit nombre d'années de
service ; en sorte que d'autres vinssent les
relever et servir à leur tour. Mais laisser
prendre des hommes sans choix, et malgré eux ; faire languir et souvent périr
toute une famille abandonnée par son
chef ; arracher le laboureur de sa char-
rue, le tenir dix, quinze ans dans le service, où il périt souvent de misère dans
des hôpitaux dépourvus des secours nécessaires ; lui casser la tête ou lui couper
le nez s'il déserte ; c'est ce que rien ne peut
excuser, ni devant Dieu ni devant les
hommes.

§ XXIV.

Avez-vous eu soin de faire délivrer
chaque galérien d'abord après le terme
réglé par la justice pour sa punition. L'é-

tat de ces hommes est affreux : rien n'est plus inhumain que de le prolonger au-delà du terme. Ne dites point qu'on manqueroit d'hommes pour la chiourme si on observoit cette justice : la justice est préférable à la chiourme. Il ne faut compter pour vraie et réelle puissance que celle que vous avez sans blesser la justice, et sans prendre ce qui n'est pas à vous.

§ XXV.

Donnez-vous à vos troupes la paie nécessaire pour vivre sans piller ? Si vous ne le faites point, vous mettez vos troupes dans une nécessité évidente de commettre les pillages et les violences que vous faites semblant de leur défendre. Les punirez-vous pour avoir fait ce que vous savez bien qu'ils ne peuvent pas s'empêcher de faire, et faute de quoi votre service seroit nécessairement d'abord abandonné? D'un autre côté, ne les punirez-vous point lorsqu'ils commettront publiquement des brigandages contre vos défenses? Rendrez-vous les lois méprisables, et souffrirez-vous qu'on se joue si indignement de votre autorité? Serez-vous manifestement contraire à vous-même; et votre autorité ne sera-t-elle qu'un jeu trompeur, pour paroître réprimer le désordre, et pour vous en servir à toute heure? Quelle discipline et quel ordre y a-t-il à espérer dans des troupes où les officiers ne peuvent vivre qu'en pillant les sujets du Roi, qu'en violant à toute heure ses ordonnances, qu'en prenant par force et par tromperie, des hommes pour les enrôler, où les soldats mourroient de faim s'ils ne méritoient pas tous les jours d'être pendus?

§ XXVI.

N'avez-vous point fait quelque injustice aux nations étrangères ? On pend un
pauvre malheureux pour avoir volé une
pistole sur le grand chemin, dans son
besoin extrême ; et on traite de héros un
homme qui fait la conquête, c'est-à-dire
qui subjugue injustement les pays d'un
État voisin. L'usurpation d'un pré, ou
d'une vigne, est regardée comme un péché irrémissible au jugement de Dieu, à
moins qu'on ne restitue : et on compte
pour rien l'usurpation des villes et des
provinces. Prendre un champ à un particulier est un grand péché : prendre un
grand pays à une nation est une action
innocente et glorieuse ! Où sont donc les
idées de justice ? Dieu jugera-t-il ainsi ?
Existimasti inique quod ero tui similis ?

Doit-on moins être juste en grand qu'en petit? la justice n'est-elle plus justice quand il s'agit des plus grands intérêts ? Des millions d'hommes, qui composent une nation, sont-ils moins nos frères qu'un seul homme? N'aura-t-on aucun scrupule de faire à des millions d'hommes l'injustice, sur un pays entier, qu'on n'oseroit faire pour un pré à un homme seul? Tout ce qui est pris par pure conquête est donc pris très injustement, et doit être restitué. Tout ce qui est pris dans une guerre entreprise sur un mauvais fondement, est de même. Les traités de paix ne couvrent rien lorsque vous êtes le plus fort, et que vous réduisez vos voisins à signer le traité pour éviter de plus grands maux: alors ils signent comme un particulier donne 'sa bourse à un voleur qui lui tient le pistolet sous la gorge.

La guerre que vous avez commencée

mal-à-propos, et que vous avez soute-
nue avec succès, loin de vous mettre en
sûreté de conscience, vous engage non-
seulement à la restitution des pays usur-
pés, mais encore à la réparation de tous
les dommages causés sans raison à vos
voisins.

Pour les traités de paix, il faut les
compter nuls, non-seulement dans les
choses injustes que la violence a fait passer, mais encore dans celles où vous
pourriez avoir mêlé quelque artifice et
quelque terme ambigu pour vous en prévaloir dans les occasions favorables. Votre ennemi est votre frère : vous ne pouvez l'oublier sans oublier l'humanité. Il
ne vous est jamais permis de lui faire du
mal quand vous pouvez l'éviter sans vous
nuire : et vous ne pouvez jamais chercher
aucun avantage contre lui que par les armes, dans l'extrême nécessité. Dans les

traités, il ne s'agit plus d'armes ni de guerre, il ne s'agit que de paix, de justice, d'humanité et de bonne foi. Il est encore plus infame et plus criminel de tromper dans un traité de paix avec un peuple voisin, que de tromper dans un contrat avec un particulier. Mettre dans un traité des termes ambigus et captieux, c'est préparer des semences de guerre pour l'avenir : c'est mettre des caques de poudre sous les maisons où l'on habite.

§ XXVII.

Quand il a été question d'une guerre, avez-vous d'abord examiné et fait examiner votre droit par les personnes les plus intelligentes et les moins flatteuses pour vous? Vous êtes-vous défié des conseils de certains ministres qui ont intérêt de vous engager à la guerre, ou qui du moins cherchent à flatter vos passions, pour tirer de vous de quoi contenter les leurs? Avez-vous cherché toutes les raisons qui pouvoient être contre vous? Avez-vous écouté favorablement ceux qui les ont approfondies? Vous êtes-vous donné le temps de savoir les sentiments de tous vos plus sages conseillers, sans les prévenir?

N'avez-vous point regardé votre gloire personnelle comme une raison d'entreprendre quelque chose, de peur de passer votre vie sans vous distinguer des autres princes? comme si les princes pouvoient trouver quelque gloire solide à troubler le bonheur des peuples, dont ils doivent être les pères! comme si un père de famille pouvoit être estimable par les actions qui rendent ses enfants malheureux! comme si un Roi avoit quelque gloire à espérer ailleurs que dans sa vertu, c'est-à-dire, dans sa justice et dans le bon gouvernement de son peuple! N'avez-vous point cru que la guerre étoit nécessaire, pour acquérir des places qui étoient à votre bienséance, et qui feroient la sûreté de votre frontière? Étrange règle? par les convenances, on ira de proche en proche jusqu'à la Chine.

Pour la sûreté d'une frontière, on la peut trouver sans prendre le bien d'autrui. Fortifiez vos propres places, et n'usurpez point celles de vos voisins. Voudriez-vous qu'un voisin vous prît tout ce qu'il croiroit commode pour sa sûreté? Votre sûreté n'est point un titre de propriété pour le bien d'autrui. La vraie sûreté pour vous, c'est d'être juste : c'est de conserver de bons alliés, par une conduite droite et modérée : c'est d'avoir un peuple nombreux, bien nourri, bien affectionné et bien discipliné. Mais qu'y

a-t-il de plus contraire à votre sûreté
que de faire éprouver à vos voisins qu'ils
n'en peuvent jamais trouver aucune avec
vous, et que vous êtes toujours prêt à
prendre sur eux tout ce qui vous accom-
mode ?

§ XXVIII.

Avez-vous bien examiné si la guerre
dont il s'agissoit étoit nécessaire à vos
peuples? Peut-être ne s'agissoit-il que de
quelque prétention sur une succession
qui vous regardoit personnellement; vos
peuples n'y avoient aucun intérêt réel.
Que leur importe que vous ayez une province de plus ? Ils peuvent, par affection
pour vous, si vous les traitez en père,
faire quelque effort pour vous aider à
recueillir les successions d'État qui vous
sont dues légitimement; mais, pouvez-
vous les accabler d'impôts malgré eux,

pour trouver les fonds nécessaires à une guerre qui ne leur est utile en rien? Bien plus, supposé même que cette guerre regarde précisément l'État, vous avez dû regarder si elle est plus utile que dommageable. Il faut comparer les fruits qu'on en peut tirer, ou du moins les maux qu'on pourroit craindre si on ne la faisoit pas, avec les inconvénients qu'elle entraînera après elle.

Toute compensation exactement faite, il n'y a presque point de guerre, même heureusement terminée, qui ne fasse beaucoup plus de mal que de bien à un État. On n'a qu'à considérer combien elle ruine de familles, combien elle fait périr d'hommes, combien elle ravage et dépeuple tous les pays, combien elle dérègle un état, combien elle y renverse les lois, combien elle autorise la licence, combien il faudroit d'années pour répa-

rer ce que deux ans de guerre causent
de maux contraires à la bonne politique
dans un État. Tout homme sensé, et qui
agiroit sans passion, entreprendroit-il le
procès le mieux fondé selon les lois, s'il
étoit assuré que ce procès, même en le
gagnant, feroit plus de mal que de bien
à la nombreuse famille dont il est chargé.

Cette juste compensation des biens et
des maux de la guerre détermineroit toujours un bon Roi à éviter la guerre, à
cause de ses funestes suites : car, où sont
les biens qui puissent contrebalancer tant
de maux inévitables, sans parler des périls d'un mauvais succès? Il ne peut y
avoir qu'un seul cas où la guerre, malgré tous ses maux, devient nécessaire.
C'est le cas où l'on ne pourroit l'éviter
qu'en donnant trop de prise et d'avantage à un ennemi injuste, artificieux, et
trop puissant. Alors en voulant par foi-

blesse éviter la guerre, on y tomberoit encore plus dangereusement; on feroit une paix qui ne seroit pas une paix, et qui n'en auroit que l'apparence trompeuse. Alors il faut malgré soi faire vigoureusement la guerre, par le desir sincère d'une bonne et constante paix. Mais ce cas unique est plus rare qu'on ne s'imagine; et souvent on le croit réel, qu'il est très chimérique.

Quand un roi est juste, sincère, inviolablement fidèle à tous ses alliés, et puissant dans son pays par un sage gouvernement, il a de quoi bien réprimer les voisins inquiets et injustes qui veulent l'attaquer. Il a l'amour de ses peuples et la confiance de ses voisins. Tout le monde est intéressé à le soutenir. Si sa cause est juste, il n'a qu'à prendre toutes les voies les plus douces avant de commencer la guerre. Il peut, étant déjà puissam-

ment armé, offrir de croire certains voisins neutres et désintéressés, prendre
quelque chose sur lui pour la paix, éviter tout ce qui aigrit les esprits, et tenter
ter toutes les voies d'accommodement.
Si tout cela ne sert de rien, il en fera la
guerre avec plus de confiance en la protection de Dieu, avec plus de zèle de ses
sujets, avec plus de secours de ses alliés.
Mais il arrivera très rarement qu'il soit
réduit à faire la guerre dans de telles circonstances. Les trois quarts des guerres
ne s'engagent que par hauteur, par finesse, par avidité, par précipitation.

IX.

Avez-vous été fidèle à tenir parole à
vos ennemis pour les capitulations, pour
les cartels, etc.? Il y a les lois de la
guerre qu'il ne faut pas garder moins

religieusement que celles de la paix. Lors même qu'on est en guerre, il reste un certain droit des gens qui est le fonds de l'humanité même. C'est un lien sacré et inviolable entre les peuples, que nulle guerre ne peut rompre; autrement la guerre ne seroit plus qu'un brigandage inhumain, qu'une suite perpétuelle de trahisons, d'assassinats, d'abominations et de barbaries. Vous ne devez faire à vos ennemis que ce que vous croyez qu'ils ont droit de vous faire. Il y a les violences et les ruses de guerre qui sont réciproques, et auxquelles chacun s'attend. Pour tout le reste, il faut une bonne-foi et une humanité entières. Il n'est point permis de rendre fraude pour fraude. Il n'est point permis, par exemple, de donner des paroles en vue d'en manquer, parce qu'on vous en a donné auxquelles on a manqué ensuite.

D'ailleurs, pendant la guerre entre deux nations indépendantes l'une de l'autre, la couronne la plus noble ou la plus puissante ne doit point se dispenser de subir avec égalité toutes les lois communes de la guerre. Un prince qui joue avec un bourgeois ne doit pas moins observer que lui toutes les lois du jeu; dès qu'il joue avec lui, il devient son égal, pour le jeu seulement. Le prince le plus élevé et le plus puissant doit se piquer d'être le plus fidèle à suivre toutes les règles pour les contributions qui mettent ses peuples à couvert des captures, des massacres et des incendies; pour les cartels, pour les capitulations, etc.

§ XXX.

Il ne suffit pas de garder les capitulations à l'égard des ennemis, il faut encore les garder religieusement à l'égard des peuples conquis. Comme vous devez tenir parole à la garnison ennemie qui se retire d'une ville prise, et n'y faire aucune supercherie sur des termes ambigus ; tout de même, vous devez tenir parole au peuple de cette ville et de ses dépendances. Qu'importe à qui vous ayez promis des conditions pour ce peuple ? que ce soit à lui ou à la garnison, tout cela est égal. Ce qui est certain , c'est que vous avez promis ces conditions pour ce peuple : c'est à vous à les garder inviolablement. Qui pourra se fier à vous, si vous y manquez ? qu'y aura-t-il de sacré si une promesse si solennelle ne l'est pas ? C'est un contrat fait avec ces peuples pour les rendre vos sujets : commencerez-vous par violer votre titre fondamental ? Ils ne vous doivent obéissance que suivant ce contrat ; et si vous le violez, vous ne méritez plus qu'ils l'observent.

§ XXXI.

Pendant la guerre, n'avez-vous point
fait des maux inutiles à vos ennemis? Ces
ennemis sont toujours hommes, et toujours vos frères. Si vous êtes vrai homme,
vous ne devez leur faire que les maux
que vous ne pouvez vous dispenser de
leur faire, pour vous garantir de ceux
qu'ils vous préparent, et pour les réduire
à une juste paix. N'avez-vous point inventé et introduit à pure perte, et par
passion et par hauteur, de nouveaux gen-
res d'hostilités? N'avez-vous point autorisé des ravages, des incendies, des
sacrilèges, des massacres, qui n'ont décidé de rien; sans lesquels vous pouviez
défendre votre cause, et malgré lesquels
vos ennemis ont également continué leurs
efforts contre vous ? Vous devez rendre

compte à Dieu , et réparer selon toute l'étendue de votre pouvoir, tous les maux que vous avez autorisés, et qui ont été faits sans nécessité.

§ XXXII.

Avez-vous exécuté ponctuellement les traités de paix ? Ne les avez-vous jamais violés sous de beaux prétextes ? A l'égard des articles des anciens traités de paix qui sont ambigus , au lieu d'en tirer des sujets de guerre, il faut les interpréter par la pratique qui les a suivis immédiatement. Cette pratique immédiate est l'interprétation infaillible des paroles. Les parties, immédiatement après le traité, s'entendoient elles-mêmes parfaitement: elles savoient mieux alors ce qu'elles avoient voulu dire, qu'on ne le peut savoir cinquante ans après. Ainsi la possession est décisive à cet égard-là ; et vouloir la troubler, c'est vouloir éluder ce qu'il y a de plus assuré et de plus inviolable dans le genre humain.

Pour les traités contre lesquels on est tenté de revenir par des raisons de jurisprudence particulière, il faut observer trois choses ; 1° dès qu'on admet la succession pour les Etats, il faut soumettre les coutumes et jurisprudences des pays particuliers, au droit des gens, qui leur est infiniment supérieur, et à la foi inviolable des traités de paix, qui sont l'unique fondement de la sûreté de la nature humaine. Seroit-il juste qu'une coutume particulière empêchât une paix nécessaire au salut de toute l'Europe ? Comme la police d'une ville doit céder aux besoins essentiels de tout l'Etat, dont elle n'est qu'un membre ; de même, les jurisprudences de provinces doivent disparoître, dès qu'il s'agit de ce droit des nations et de la sûreté de leurs alliances; 2° les princes souverains qui font ces traités solennels, les font au nom de leurs nations entières, et avec les formes en usage de leur temps, pour leur donner toute la suprême autorité des lois. Ainsi, à cet égard, il dérogent aux lois particulières des provinces; 3° si une fois on se permet, sous aucun prétexte, si spécieux qu'il puisse être, même des lois particulières, d'ébranler les traités de paix, on trouvera toujours des subtilités de jurisprudence pour annuler tous les échanges, cessions, donations, compensations et autres pactes, sur lesquels la sûreté et la paix du monde sont fondées. La guerre deviendra un mal sans remède. Les traités ne seront plus des actes valides, que jusqu'à ce qu'on ait une occasion avantageuse de recommencer la guerre. La paix ne sera plus qu'une trêve, et même une trêve d'une durée incertaine. Toutes les bornes des États seront comme en l'air.

Pour donner quelque consistance au monde et quelque sûreté aux nations, il faut supposer, par préférence à tout le reste, deux points, qui sont comme les deux pôles de la terre entière: l'un que tout traité de paix, juré entre deux princes, est inviolable à leur égard, et doit toujours être pris simplement dans son sens le plus naturel, et interprété par l'exécution immédiate; l'autre, que toute possession paisible et non interrompue, depuis les temps que la jurisprudence demande pour les prescriptions les moins favorables, doit acquérir une propriété certaine et légitime à celui qui a cette possession, quelque vice qu'elle ait pu avoir dans son origine. Sans ces deux règles fondamentales, point de repos, ni de sûreté dans tout le genre humain. Les avez-vous toujours suivies?

§ XXXIII.

Avez-vous fait justice au mérite de tous les principaux sujets que vous pouviez mettre dans les emplois? En ne faisant pas justice aux particuliers sur leurs biens, comme sur leurs terres, sur leurs rentes, etc., vous n'avez fait tort qu'à ces particuliers et à leurs familles: mais en ne comptant pour rien dans le choix des hommes, ni la vertu, ni les talents, c'est à tout votre État que vous avez fait une injustice irréparable. Ceux que vous n'avez point choisis pour les places, n'ont rien perdu d'effectif, parce que ces places n'auroient été pour eux que des occasions dangereuses pour leur salut et pour leur repos temporel ; mais c'est tout votre royaume que vous avez privé injustement d'un secours que Dieu lui avoit préparé. Les hommes d'un esprit élevé et d'un cœur droit, sont plus rares qu'on ne sauroit le croire ; il faudroit les aller chercher jusqu'au bout du monde : *Procul, et de ultimis finibus pretium ejus*, comme le sage le dit de la femme forte. Pourquoi avez-vous privé l'Etat du secours de ces hommes supérieurs aux autres ? Votre devoir n'étoit-il pas de choisir, pour les premières places, les premiers hommes ? N'étoit-ce pas-là votre principale fonction ? Un Roi ne fait point la fonction de Roi, en réglant les détails que d'autres qui gouvernent sous lui pourroient régler. Sa fonction essentielle est de faire ce que nul autre que lui ne peut faire. C'est de bien choisir ceux qui exercent son autorité sous lui :

6.

c'est de mettre chacun dans la place qui lui convient, et de faire tout dans l'Etat, non par lui-même, ce qui est impossible, mais en faisant tout faire par des hommes qu'il choisit, qu'il anime, qu'il instruit, qu'il redresse. Voilà la véritable action de Roi. Avez-vous quitté tout le reste, que d'autres peuvent faire sous vous, pour vous appliquer à ce devoir essentiel, que vous seul pouvez remplir? Avez-vous soin de jeter les yeux sur un certain nombre de gens sensés et bien intentionnés, par qui vous puissiez être averti de tous les sujets de chaque profession, qui s'élèvent et qui se distinguent? Les avez-vous questionnés tous séparément, pour voir si leurs témoignages sur chaque sujet seroient uniformes? Avez-vous eu la patience d'examiner, par ces divers canaux, les sentiments, les inclinations, les habitudes, la conduite de chaque homme que vous pouvez placer? Avez-vous vu ces hommes vous-même? Expédier des détails dans un cabinet où l'on se renferme sans cesse, c'est dérober son plus précieux temps à l'Etat. Il faut qu'un Roi voie, parle, écoute beaucoup de gens; qu'il s'apprenne par l'expérience à étudier les hommes, qu'il les connoisse par un fréquent commerce et par un accès libre.

Il y a deux manières de les connoître. L'une est la conversation. Si vous étudiez bien les hommes, sans paroître les étudier, la conversation vous sera plus utile que beaucoup de travaux qu'on croiroit importants. Vous y remarquerez la légèreté, l'indiscrétion, la vanité, l'artifice des hommes, leurs flatteries, leurs fausses maximes. Les princes ont un pouvoir infini sur ceux qui les approchent: et ceux qui les approchent

ont une foiblesse infinie en les appro-
chant. La vue des princes réveille toutes
les passions, et r'ouvre toutes les plaies
du cœur. Si un prince sait profiter de
cet ascendant, il sentira bientôt les principales foiblesses de chaque homme.
L'autre manière d'éprouver les hommes,
est de les mettre dans des emplois subalternes, pour essayer s'ils seront propres
aux emplois supérieurs. Suivez les hommes dans les emplois que vous leur confiez, ne les perdez jamais de vue, sachez
ce qu'ils font, faites-leur rendre compte
de ce que vous leur avez donné à faire.
Voilà de quoi leur parler quand vous les
voyez : jamais vous ne manquerez de
sujet de conversation. Vous verrez leur
naturel, par les partis qu'ils ont pris
d'eux - mêmes. Quelquefois, il est à
propos de leur cacher vos vrais sentiments pour découvrir les leurs. Deman-

dez-leur conseil , vous n'en prendrez que ce qu'il vous plaira. Telle est la vraie fonction d'un Roi. L'avez-vous remplie?

N'avez-vous point négligé de connoître les hommes par paresse d'esprit, par une humeur qui vous rend particulier, par une hauteur qui vous éloigne de la société, par des détails qui ne sont que vétilles en comparaison de cette étude des hommes, enfin par des amusements dans votre cabinet, sous prétexte de travail secret ? N'avez-vous point craint et écarté les sujets forts et distingués des autres ? N'avez-vous pas craint qu'ils ne vous vissent de trop près , et ne pénétrassent trop dans vos foiblesses, si vous les approchiez de votre personne? N'avez-vous pas craint qu'ils ne vous flattassent pas, qu'ils ne contredissent vos passions injustes , vos mauvais goûts, vos motifs bas et indécents? N'avez-vous pas mieux aimé vous servir de certains hommes intéressés et artificieux, qui vous flattent, qui font semblant de ne voir jamais vos défauts, et qui applaudissent à toutes vos fantaisies; ou bien de certains hommes médiocres et souples, que vous dominez aisément, que vous espérez éblouir, qui n'ont jamais le courage de vous résister, et qui vous gouvernent d'autant plus, que vous ne vous défiez point de leur autorité, et que vous ne craignez point qu'ils paroissent d'un génie supérieur au vôtre? N'est-ce point par ces motifs si corrompus, que vous avez rempli les principales places d'hommes foibles ou dépravés; et que vous avez laissé loin de vous tout ce qu'il y avoit de meilleur pour vous aider dans les grandes affaires? Prendre les terres, les charges et l'argent d'autrui, n'est point une injustice comparable à celle que je viens d'expliquer.

§ XXXIV.

N'avez-vous point accoutumé vos domestiques à une dépense au-dessus de leur condition, et à des récompenses qui chargent l'Etat? Vos valets de chambre, vos valets de garde-robe, etc., ne vivent-ils pas comme des seigneurs, pendant que les vrais seigneurs languissent dans votre antichambre sans aucun bienfait; et que beaucoup d'autres d'entre les plus illustres maisons, sont dans le fond des provinces, réduits à cacher leur misère? N'avez-vous point autorisé, sous prétexte d'orner votre cour, le luxe d'habits, de meubles, d'équipages et de maisons, de tous ces officiers subalternes, qui n'ont ni naissance, ni mérite solide,

et qui se croient au-dessus des gens de
qualité, parce qu'ils vous parlent fami-
lièrement, et qu'ils obtiennent facilement
des grâces? Ne craignez - vous pas trop
leur importunité? N'avez - vous point
craint de les fâcher, plus que de manquer
à la justice? N'avez-vous pas été trop
sensible aux vaines marques de zèle et
d'attachement tendre pour votre personne, qu'ils s'empressent de vous té-
moigner pour vous plaire et pour avancer
leur fortune? Ne les avez-vous pas rendus
malheureux, en leur laissant concevoir
des espérances disproportionnées à leur
état et à votre affection pour eux? N'a-
vez-vous pas ruiné leurs familles, en les
laissant mourir sans récompense solide
qui reste à leurs enfants, après que vous
les avez laissé vivre dans un faste ridicule, qui a consumé les grands bienfaits
qu'ils ont tirés de vous pendant leur

vie ? N'en a-t-il pas été de même des autres courtisans, chacun selon son degré? Ils sucent, pendant qu'ils vivent, le royaume entier : en quelque temps qu'ils meurent, ils laissent leurs familles ruinées. Vous leur donnez trop, et vous leur faites encore plus dépenser. Ainsi ceux qui ruinent l'Etat, se ruinent eux-mêmes. C'est vous qui en êtes cause, en assemblant autour de vous tant d'hommes inutiles, fastueux, dissipateurs, et qui se font de leurs plus folles dissipations un titre auprès de vous, pour vous demander de nouveaux biens qu'ils puissent encore dissiper.

§ XXXV.

N'avez-vous point pris des préventions contre quelqu'un, sans avoir jamais examiné les faits? C'est ouvrir la porte à la calomnie et aux faux rapports, ou du moins prendre témérairement les préventions des gens qui vous approchent, et en qui vous vous confiez. Il n'est point permis de n'écouter et de ne croire qu'un certain nombre de gens. Ils sont certainement hommes : et quand même ils seroient incorruptibles, du moins ils ne sont pas infaillibles. Quelque confiance que vous ayez en leurs lumières et en leur vertu, vous êtes obligé d'examiner s'ils ne sont point trompés par d'autres, et s'ils ne s'entêtent point. Toutes les fois que vous vous livrerez à une seule personne ou à un certain nombre de personnes qui sont liées ensemble par les mêmes intérêts ou par les mêmes sentiments, vous vous exposez volontairement à être trompé et à faire des injustices. N'avez-vous point quelquefois fermé les yeux à certaines raisons fortes, ou du

moins n'avez-vous pas pris certains partis
rigoureux, dans le doute, pour contenter ceux qui vous environnent et que
vous craignez de fâcher? N'avez-vous
point pris le parti, sur des rapports in-
certains, d'écarter des emplois des gens
qui ont des talents et un mérite distingué?
On dit en soi-même : *Il n'est pas possible
d'éclaircir ces accusations ; le plus sûr est
d'éloigner des emplois cet homme.* Mais
cette prétendue précaution est le plus
dangereux de tous les pièges. Par-là on
n'approfondit rien, et on donne aux
rapporteurs tout ce qu'ils prétendent. On
juge le fond sans examiner; car on exclut le mérite, et on se laisse effaroucher
contre toutes les personnes que les rapporteurs veulent rendre suspectes. Qui
dit un rapporteur, dit un homme qui
s'offre pour faire ce métier, qui s'insinue
par cet horrible métier, et qui, par con-

séquent, est manifestement indigne de
toute croyance. Le croire, c'est vouloir
s'exposer à égorger l'innocent. Un prince
qui prête l'oreille aux rapporteurs de
profession, ne mérite de connoître ni la
vérité, ni la vertu. Il faut chasser et con-
fondre ces pestes de cour. Mais, comme
il faut être averti, le prince doit avoir
d'honnêtes gens, qu'il oblige malgré
eux à veiller, à observer, à savoir ce
qui se passe, et à l'en avertir secrètement.
Il doit choisir, pour cette fonction, les
gens à qui elle répugne davantage, et
qui ont le plus d'horreur pour le métier
infâme de rapporter. Ceux-ci ne l'aver-
tiront que des faits véritables et importants : ils ne lui diront point toutes les
bagatelles qu'il doit ignorer, et sur les-
quelles il doit être commode au public.
Du moins, ils ne lui donneront les choses douteuses que comme douteuses : et

ce sera à lui à approfondir ou à suspendre son jugement, si elles ne peuvent être éclaircies.

§ XXXVI.

N'avez-vous point trop répandu de bienfaits sur vos ministres, sur vos favoris et sur leurs créatures , pendant que vous avez laissé languir dans le besoin des personnes de mérite, qui ont long-temps servi, et qui manquent de protection? D'ordinaire le grand défaut des princes est d'être foibles, mous et inappliqués. Ils ne sont presque jamais déterminés par le mérite, ni par les vrais défauts des gens. Le fond des choses n'est pas ce qui les touche : leur décision vient d'ordinaire de ce qu'ils n'osent refuser ceux qu'ils ont l'habitude de voir et de croire. Souvent ils les souffrent avec impatience,

et ne laissent pas de demeurer subjugués.
Ils voient les défauts de ces gens-là, et
se contentent de les voir. Ils se savent
bon gré de n'en être pas les dupes; après
quoi, ils les suivent aveuglément. Ils leur
sacrifient le mérite, l'innocence, les talents distingués et les plus longs services.
Quelquefois ils écouteront favorablement
un homme qui osera leur parler contre
ces ministres ou ces favoris, et ils ver-
ront des faits clairement vérifiés. Alors
ils gronderont, et feront entendre à ceux
qui ont osé parler, qu'il seront soutenus
contre le ministre ou contre le favori.
Mais bientôt le prince se lasse de protéger
celui qui ne tient qu'à lui seul. Cette
protection lui coûte trop dans le détail ;
et de peur de voir un visage mécontent
dans la personne du ministre, l'honnête
homme par qui on avoit su la vérité, sera
abandonné à son indignation. Après cela,

méritez-vous d'être averti? Pouvez-vous espérer de l'être? Quel est l'homme sage qui osera aller droit à vous, sans passer par le ministre, dont la jalousie est implacable? Ne méritez-vous pas de ne plus voir que par ses yeux? N'êtes-vous pas livré à ses passions les plus injustes, et à ses préventions les plus déraisonnables? Vous laissez-vous quelque remède contre un si grand mal?

§ XXXVII.

Ne vous laissez-vous point éblouir par certains hommes vains, hardis, et qui ont l'art de se faire valoir; pendant que vous négligez et laissez loin de vous le mérite simple, modeste, timide et caché? Un prince montre la grossièreté de son goût et la foiblesse de son jugement, lorsqu'il ne sait pas discerner combien

ces esprits si hardis, et qui ont l'art d'imposer, sont superficiels et pleins de défauts méprisables. Un prince sage et pé-
nétrant n'estime ni les esprits évaporés,
ni les grands parleurs, ni ceux qui décident d'un ton de confiance, ni les cri-
tiques dédaigneux, ni les moqueurs qui
tournent tout en plaisanterie. Il méprise
ceux qui trouvent tout facile, qui applaudissent à tout ce qu'il veut, qui ne
consultent que ses yeux ou le ton de sa
voix, pour deviner sa pensée, et pour
l'approuver. Il recule loin des emplois
de confiance, ces hommes qui n'ont que
des dehors sans fond. Au contraire, il
recherche, il prévient, il attire les personnes judicieuses et solides qui n'ont
aucun empressement, qui se défient
d'elles-mêmes, qui craignent les emplois,
qui promettent peu et qui tâchent de
faire beaucoup, qui ne parlent guère et

qui pensent toujours, qui parlent d'un ton douteux, et qui savent contredire avec respect.

De tels sujets demeurent souvent obscurs dans les places inférieures, pendant que les premières sont occupées par des hommes grossiers et hardis, qui en ont imposé au prince, et qui ne servent qu'à montrer combien il manque de discernement. Tandis que vous négligerez de chercher le mérite obscur, et de réprimer les gens empressés et dépourvus de qualités solides, vous serez responsable devant Dieu de toutes les fautes qui seront faites par ceux qui agiront sous vous. Le métier d'adroit courtisan perd tout dans un État. Les esprits les plus courts et les plus corrompus, sont souvent ceux qui apprennent le mieux cet indigne métier. Ce métier gâte tous les autres : le médecin néglige la médecine ; le prélat oublie les devoirs de son ministère ; le général d'armée songe bien plus à faire sa cour, qu'à défendre l'Etat ; l'ambassadeur négocie bien plus pour ses propres intérêts à la cour de son maître, qu'il ne négocie pour les véritables intérêts de son maître à la cour où il est envoyé. L'art de faire sa cour gâte les hommes de toutes les professions, et étouffe le vrai mérite.

Rabaissez donc ces hommes, dont tout le talent ne consiste qu'à plaire, qu'à flatter, qu'à éblouir, qu'à s'insinuer pour faire fortune. Si vous y manquez, vous remplirez indignement les places, et le vrai mérite demeurera toujours en arrière. Votre devoir est de reculer ceux qui s'avancent trop, et d'avancer ceux qui demeurent reculés en faisant leur devoir.

§ XXXVIII

ET DERNIER.

N'avez-vous point entassé trop d'emplois sur la tête d'un seul homme, soit pour contenter son ambition, soit pour vous épargner la peine d'avoir beaucoup de gens à qui vous soyez obligé de parler ? Dès qu'un homme est l'homme à la mode, on lui donne tout, on voudroit qu'il fît lui seul toutes choses. Ce n'est pas qu'on l'aime ; car on n'aime rien : ce n'est pas qu'on s'y fie ; car on se défie de la probité de tout le monde : ce n'est pas qu'on le trouve parfait ; car on est ravi de le critiquer souvent ; mais c'est qu'on est paresseux et sauvage. On ne veut point avoir à compter avec tant de gens. Pour en voir moins, et pour n'être point observé de près par tant de personnes, on fera faire à un seul homme

ce que quatre auroient grand'peine à
bien faire. Le public en souffre, les ex-
péditions languissent, les surprises et les
injustices sont plus fréquentes et plus
irrémédiables. L'homme est accablé, et
seroit bien fâché de ne l'être pas. Il n'a
le temps ni de penser, ni d'approfondir,
ni de faire des plans, ni d'étudier les
hommes dont il se sert : il est toujours
entraîné au jour la journée, par un tor-
rent de détails à expédier.

D'ailleurs cette multitude d'emplois
sur une seule tête, souvent assez foible,
exclut tous les meilleurs sujets qui pourroient se former et faire de grandes choses. Tout talent demeure étouffé. La paresse du prince en est la vraie cause. Les
plus petites raisons décident sur les plus
grandes affaires. Delà naissent des injustices innombrables. *Pauca de te*, disoit
Saint-Augustin au comte Boniface, *sed*

multa propter te. Peut-être ferez-vous peu
de mal par vous-même ; mais il s'en fera
d'infinis par votre autorité mise en mauvaises mains.

SUPPLÉMENT

A L'EXAMEN DE CONSCIENCE. *

I.

Sur la nécessité de former des alliances, tant offensives que défensives, contre une puissance étrangère qui aspire manifestement à la monarchie universelle.

Les Etats voisins les uns des autres ne sont pas seulement obligés à se traiter mu-

* Les deux articles de ce *Supplément* ne se trouvent point dans le manuscrit original de l'*Examen*, aujourd'hui déposé à la Bibliothè-

tuellement selon les règles de justice et de
bonne foi, ils doivent encore, pour leur
sûreté particulière, autant que pour l'intérêt commun, faire une espèce de société et de république générale.

Il faut compter qu'à la longue la plus
grande puissance prévaut toujours, et

que du Roi. Mais le marquis de Fénélon, dans
la première édition de cet ouvrage, avertit
qu'il publie le premier article de ce Supplément,
d'après un manuscrit original, entièrement écrit
de la main de Fénélon. Quant au second article, il est certain que ce n'est pas proprement
l'ouvrage de l'archevêque de Cambrai, mais un
simple extrait de ses conversations avec Jac-
ques III, prétendant à la couronne d'Angleterre. Cet extrait est tiré de la *Vie de Fénélon*,
par Ramsay; Amsterdam, 1727 (pag. 176, etc.)
Les principes que l'auteur y expose, sont dé-
veloppés dans l'*Essai philosophique sur le
Gouvernement civil*, composé par le même
auteur.

renverse les autres, si les autres ne se réunissent pour faire le contre-poids. Il n'est pas permis d'espérer parmi les hommes, qu'une puissance supérieure demeure dans les bornes d'une exacte modération, et qu'elle ne veuille dans sa force, que ce qu'elle pourroit obtenir dans la plus grande foiblesse. Quand même un prince seroit assez parfait pour faire un usage si merveilleux de sa prospérité, cette merveille finiroit avec son règne. L'ambition naturelle des souverains, les flatteries de leurs conseillers et la prévention des nations entières, ne permettent pas de croire qu'une nation qui peut subjuguer les autres, s'en abstienne pendant des siècles entiers. Un règne où éclateroit une justice si extraordinaire, seroit l'ornement de l'histoire, et un prodige qu'on ne peut plus revoir.

Il faut donc compter sur ce qui est réel

et journalier, qui est que chaque nation cherche à prévaloir sur toutes les autres qui l'environnent. Chaque nation est donc obligée à veiller sans cesse, pour prévenir l'excessif agrandissement de chaque voisin, pour sa sûreté propre. Empêcher le voisin d'être trop puissant, ce n'est point faire un mal ; c'est se garantir de la servitude et en garantir ses autres voisins ; en un mot, c'est travailler à la liberté, à la tranquillité, au salut public : car l'agrandissement d'une nation au-delà d'une certaine borne, change le système général de toutes les nations qui ont rapport à celle-là. Par exemple, toutes les successions qui sont entrées dans la maison de Bourgogne, puis celles qui ont élevé la maison d'Autriche, ont changé la face de toute l'Europe. Toute l'Europe a dû craindre la monarchie universelle sous Charles-

Quint, surtout après que François Ier
eut été défait et pris à Pavie. Il est certain qu'une nation qui n'avoit rien à
démêler directement avec l'Espagne, ne
laissoit pas alors d'être en droit, pour
la liberté publique, de prévenir cette
puissance rapide qui sembloit prête à
tout engloutir.

Les particuliers ne sont pas en droit
de s'opposer de même à l'accroissement
des richesses de leurs voisins, parce qu'on
doit supposer que cet accroissement
d'autrui ne peut être leur ruine. Il y a
des lois écrites et des magistrats pour réprimer les injustices et les violences entre
les familles inégales en biens; mais, pour
les Etats, ils ne sont pas de même. Le
trop grand accroissement d'un seul peut
être la ruine et la servitude de tous les
autres qui sont ses voisins : il n'y a ni
lois écrites, ni juges établis pour servir

de barrière contre les invasions du plus
puissant. On est toujours en droit de supposer que le plus puissant, à la longue,
se prévaudra de sa force, quand il n'y
aura plus d'autre force à peu-près égale
qui puisse l'arrêter. Ainsi, chaque prince
est en droit et en obligation de prévenir
dans son voisin cet accroissement de puissance, qui jetteroit son peuple, et tous
les autres peuples voisins, dans un danger
prochain de servitude sans ressource.

Par exemple, Philippe II, roi d'Espagne, après avoir conquis le Portugal,
veut se rendre le maître de l'Angleterre.
Je sais bien que son droit étoit mal fondé,
car il n'en avoit que par la reine Marie
sa femme, morte sans enfants. Elisabeth,
illégitime, ne devoit point régner. La
couronne appartenoit à Marie Stuart et
à son fils. Mais enfin, supposé que le
droit de Philippe II eût été incontestable,

l'Europe entière auroit eu raison néanmoins de s'opposer à son établissement
en Angleterre; car ce royaume si puissant ajouté à ses Etats d'Espagne, d'Ita-
lie, de Flandre, des Indes orientales et
occidentales, le mettoit en état de faire
la loi, surtout par ses forces maritimes,
à toutes les autres puissances de la chrétienté. Alors *summum jus, summa inju-
ria*. Un droit particulier de succession
ou de donation devoit céder à la loi naturelle de la sûreté de tant de nations. En
un mot, tout ce qui renverse l'équilibre,
et qui donne le coup décisif pour la monarchie universelle, ne peut être juste,
quand même il seroit fondé sur des lois
écrites dans un pays particulier. La raison
en est que ces lois écrites chez un peuple,
ne peuvent prévaloir sur la loi naturelle de
la liberté et de la sûreté commune, gravée
dans les cœurs de tous les autres peuples

du monde. Quand une puissance monte à un point, que toutes les autres puissances voisines ensemble ne peuvent plus lui résister , toutes ces autres sont en droit de se liguer pour prévenir cet accroissement, après lequel il ne seroit plus temps de défendre la liberté commune. Mais, pour faire légitimement ces sortes de ligues , qui tendent à prévenir un trop grand accroissement d'un Etat , il faut que le cas soit véritable et pressant : il faut se contenter d'une ligue défensive, ou du moins ne la faire offensive, qu'autant que la juste et nécessaire défense se trouvera renfermée dans les desseins d'une agression ; encore même faut-il toujours, dans les traités de ligues offensives , poser des bornes précises , pour ne détruire jamais une puissance sous prétexte de la modérer.

Cette attention à maintenir une es-

pèce d'égalité et d'équilibre entre les
nations voisines, est ce qui en assure le
repos commun. A cet égard, toutes les
nations voisines et liées par le commerce
font un grand corps et une espèce de
communauté. Par exemple, la chrétienté
fait une espèce de république générale,
qui a ses intérêts, ses craintes, ses précautions à observer : tous les membres
qui composent ce grand corps, se doivent les uns aux autres pour le bien
commun, et se doivent encore à eux-
mêmes, pour la sûreté de la patrie, de
prévenir tout progrès de quelqu'un des
membres qui renverseroit l'équilibre, et
qui se tourneroit à la ruine inévitable de
tous les autres membres du même corps.
Tout ce qui change ou altère ce système
général de l'Europe est trop dangereux,
et traîne après soi des maux infinis.

Toutes les nations voisines sont tellement liées par leurs intérêts les unes aux autres, et au gros de l'Europe, que les moindres progrès particuliers peuvent altérer ce système général qui fait l'équilibre, et qui peut seul faire la sûreté publique. Otez une pierre d'une voûte, tout l'édifice tombe, parce que toutes les pierres se soutiennent en se contre-poussant.

L'humanité met donc un devoir mutuel de défense du salut commun, entre les nations voisines, contre un Etat voisin qui devient trop puissant ; comme il y a des devoirs mutuels entre les concitoyens pour la liberté de la patrie. Si le citoyen doit beaucoup à sa patrie, dont il est membre, chaque nation doit à plus forte raison bien davantage au repos et au salut de la république universelle dont elle est membre, et dans laquelle sont renfermées toutes les patries des particuliers.

Les ligues défensives sont donc justes
et nécessaires , quand il s'agit véritablement de prévenir une trop grande puissance qui seroit en état de tout envahir.
Cette puissance supérieure n'est donc pas
en droit de rompre la paix avec les autres
États inférieurs , précisément à cause de
leur ligue défensive ; car ils sont en droit
et en obligation de la faire.

Pour une ligue offensive , elle dépend
des circonstances ; il faut qu'elle soit fondée sur des infractions de paix ou sur la
détention de quelques pays des alliés , ou
sur la certitude de quelque autre fondement semblable. Encore même faut-il toujours, comme je l'ai déjà dit*, borner de
tels traités à des conditions qui empêchent
ce qu'on voit souvent ; c'est qu'une nation se sert de la nécessité d'en rabattre

----

* Voyez ci-dessus , pag. 53.

une autre qui aspire à la tyrannie universelle , pour y aspirer elle-même à son
tour. L'habileté, aussi bien que la justice
et la bonne foi , en faisant des traités
d'alliance , est de les faire très précis ,
très éloignés de toutes équivoques , et
exactement bornés à un certain bien que
vous en voulez tirer prochainement. Si
vous n'y prenez garde, les engagements
que vous prenez se tourneront contre
vous. En abattant trop vos ennemis, et
en élevant trop votre allié , il vous fau-
dra, ou souffrir ce qui vous détruit , ou
manquer à votre parole; choses presque
également funestes.

Continuons à raisonner sur ces principes, en prenant l'exemple particulier
de la chrétienté , qui est le plus sensible
pour nous.

Il n'y a que quatre sortes de systèmes.
Le premier est d'être absolument supé-

rieur à toutes les autres puissances,
même réunies : c'est l'état des Romains
et celui de Charlemagne. Le second est
d'être dans la chrétienté la puissance supérieure aux autres, qui font néanmoins
à peu-près le contre-poids en se réunis-
sant. Le troisième est d'être une puissance
inférieure à une autre, mais qui se soutient, par son union avec tous ses voisins,
contre cette puissance prédominante. Enfin, le quatrième est d'une puissance à-
peu-près égale à une autre, qui tient tout
en paix par cette espèce d'équilibre qu'elle
garde sans ambition et de bonne foi.

L'état des Romains et de Charlemagne
n'est point un état qu'il vous soit permis
de desirer : 1° parce que, pour y arriver,
il faut commettre toutes sortes d'injustices
et de violences; il faut prendre ce qui n'est
point à vous, et le faire par des guerres
abominables dans leur durée et dans

leur étendue. 2° Ce dessein est très dangereux : souvent les États périssent par ces folles ambitions. 3° Ces empires immenses, qui ont fait tant de maux en se formant, en font, bientôt après, d'autres encore plus effroyables, en tombant par terre. La première minorité, ou le premier règne foible, ébranle les trop grandes masses, et sépare des peuples qui ne sont encore accoutumés ni au joug ni à l'union mutuelle. Alors, quelles divisions, quelles confusions, quelles anarchies irrémédiables ! On n'a qu'à se souvenir des maux qu'ont faits en occident la chute si prompte de l'empire de Charlemagne, et en orient, le renversement de celui d'Alexandre, dont les capitaines firent encore plus de maux pour partager ses dépouilles, qu'il n'en avoit fait lui-même en ravageant l'Asie. Voilà donc le système le plus éblouissant , le plus flatteur et le plus funeste pour ceux mêmes qui viennent à bout de l'exécuter.

Le second système est d'une puissance supérieure à toutes les autres, qui font contre elle à peu près l'équilibre. Cette puissance supérieure a l'avantage, contre les autres , d'être toute réunie , toute simple , toute absolue dans ses ordres , toute certaine dans ses mesures. Mais, à la longue, si elle ne cesse de réunir contre elle les autres en en excitant la jalousie, il faut qu'elle succombe. Elle s'épuise ; elle est exposée à beaucoup d'accidents internes et imprévus, ou les attaques du dehors peuvent la renverser soudainement. De plus, elle s'use pour rien , et fait des efforts ruineux pour une supériorité qui ne lui donne rien d'effectif , et qui l'expose à toutes sortes de déshonneurs et de dangers. De tous les états, c'est certainement le plus mauvais ; d'autant plus qu'il ne peut jamais aboutir , dans sa plus étonnante prospérité , qu'à passer dans le premier système, que nous avons déjà reconnu injuste et pernicieux.

Le troisième système est d'une puissance inférieure à une autre , mais en sorte que l'inférieure , unie au reste de l'Europe, fait l'équilibre contre la supérieure , et la sûreté de tous les autres moindres Etats. Ce système a ses incommodités et ses inconvénients ; mais il risque moins que le précédent , parce qu'on est sur la défensive, qu'on s'épuise moins, qu'on a des alliés , et qu'on n'est point d'ordinaire , en cet état d'infériorité , dans l'aveuglement et dans la présomption insensée qui menace de ruine ceux qui prévalent. On voit presque toujours , qu'avec un peu de temps, ceux qui avoient prévalu s'usent et commencent à déchoir. Pourvu que cet État inférieur soit sage, modéré, ferme dans ses alliances, précautionné pour ne leur donner aucun ombrage, et pour ne rien faire que par leur avis pour l'intérêt commun, il occupe cette puissance supérieure jusqu'à ce qu'elle baisse.

Le quatrième système est d'une puissance à peu près égale à une autre, avec laquelle elle fait l'équilibre pour la sûreté publique. Être dans cet état, et n'en vouloir point sortir par ambition, c'est l'état le plus sage et le plus heureux. Vous êtes l'arbitre commun : tous vos voisins sont vos amis; du moins, ceux qui ne le sont pas, se rendent par là suspects à tous les autres. Vous ne faites rien qui ne paroisse fait pour vos voisins aussi bien que pour vos peuples. Vous vous fortifiez tous les jours; et si vous parvenez, comme cela est presque infaillible à la longue, par un sage gouvernement, à avoir plus de forces intérieures et plus d'alliances au dehors, que la puissance jalouse de la vôtre, alors il faut s'affermir de plus en plus dans cette sage modération qui vous borne à entretenir l'équilibre et la sûreté commune. Il faut toujours se souvenir des maux que coûtent au-dedans et au-dehors de son Etat les grandes conquêtes; qu'elles sont sans fruit ; et du risque qu'il y a à les entreprendre ; enfin, de la vanité, de l'inutilité, du peu de durée des grands empires , et des ravages qu'ils causent en tombant.

Mais, comme il n'est pas permis d'espérer qu'une puissance supérieure à toutes les autres demeure long-temps sans abuser de cette supériorité, un prince bien sage et bien juste ne doit jamais souhaiter de laisser à ses successeurs, qui seront, selon toutes les apparences, moins modérés que lui, cette continuelle et violente tentation d'une supériorité trop déclarée. Pour le bien même de ses successeurs et de ses peuples, il doit se borner à une espèce d'égalité. Il est vrai qu'il y a deux sortes de supériorités : l'une extérieure, qui consiste en étendue de terres, en places fortifiées, en passages pour entrer dans les terres de ses voisins, etc. Celle-là ne fait que causer des tentations aussi funestes à soi-même qu'à ses voisins, qu'exciter la haine, la jalousie et les ligues. L'autre est intérieure et solide : elle consiste dans un peuple plus nombreux, mieux discipliné, plus appliqué à la culture des terres et aux arts nécessaires. Cette supériorité, d'ordinaire, est facile à acquérir, sûre, à l'abri de l'envie et des ligues, plus propre même que les conquêtes et que les places, à rendre un peuple invincible. On ne sauroit donc trop chercher cette seconde supériorité , ni trop éviter la première , qui n'a qu'un faux éclat.

II.

Principes fondamentaux d'un sage gouvernement.

Toutes les nations de la terre ne sont que les différentes familles d'une même république dont Dieu est le père commun. La loi naturelle et universelle , selon laquelle il veut que chaque famille soit gouvernée, est de préférer le bien public à l'intérêt particulier.

Si les hommes suivoient exactement cette loi naturelle, chacun feroit, par raison et par amitié, ce qu'il ne fait à présent que par intérêt ou par crainte.

Mais les passions malheureusement nous aveuglent, nous corrompent et nous empêchent ainsi de connoître et d'aimer cette grande et sage loi. Il a fallu l'expliquer et la faire exécuter par des lois civiles; et par conséquent établir une autorité suprême, qui jugeât en dernier ressort, et à laquelle tous pussent avoir recours comme à la source de l'unité politique et de l'ordre civil; autrement il y auroit autant de gouvernements arbitraires qu'il y a de têtes.

L'amour du peuple, le bien public, l'intérêt général de la société est donc la loi immuable et universelle des souverains. Cette loi est antécédente à tout contrat : elle est fondée sur la nature même ; elle est la source et la règle sûre de toutes les autres lois. Celui qui gouverne doit être le premier, et le plus obéissant à cette loi primitive : il peut tout sur les peuples, mais cette loi doit pouvoir tout sur lui. Le père commun de la grande famille ne lui a confié ses enfants que pour les rendre heureux : il veut qu'un seul homme serve par sa sagesse à la félicité de tant d'hommes, et non que tant d'hommes servent par leur misère à flatter l'orgueil d'un seul. Ce n'est point pour lui-même que Dieu l'a fait roi, il ne l'est que pour être l'homme des peuples ; et il n'est digne de la royauté, qu'autant qu'il s'oublie pour le bien public.

Le despotisme tyrannique des souverains est un attentat sur les droits de la fraternité humaine : c'est renverser la grande et sage loi de la nature, dont ils ne doivent être que les conservateurs. Le despotisme de là multitude est une puissance folle et aveugle qui se tourne contre elle-même : un peuple gâté par une liberté excessive est le plus insupportable de tous les tyrans. La sagesse de tout gouvernement, quel qu'il soit, consiste à trouver le juste milieu entre ces deux extrémités affreuses, dans une liberté modérée par la seule autorité des lois. Mais les hommes, aveugles et ennemis d'eux-mêmes, ne sauroient se borner à ce juste milieu.

Triste état de la nature humaine! les souverains, jaloux de leur autorité, veulent toujours l'étendre : les peuples, passionnés pour leur liberté, veulent toujours l'augmenter. Il vaut mieux cependant souffrir, pour l'amour de l'ordre, les maux inévitables dans tous les Etats, même les plus réglés, que de secouer le joug de toute autorité en se livrant sans cesse aux fureurs de la multitude qui agit sans règle et sans loi. Quand l'autorité souveraine est donc une fois fixée, par les lois fondamentales, dans un seul, dans peu, ou dans plusieurs, il faut en supporter les abus, si l'on ne peut y remédier par des voies compatibles avec l'ordre.

Toutes ces sortes de gouvernements sont nécessairement imparfaites, puisqu'on ne peut confier l'autorité suprême qu'à des hommes ; et toutes sortes de gouvernements sont bonnes, quand ceux qui gouvernent suivent la grande loi du bien public. Dans la théorie, certaines formes paroissent meilleures que d'autres ; mais, dans la pratique, la foiblesse ou la corruption des hommes, sujets aux mêmes passions, exposent tous les États à des inconvénients à peu près égaux. Deux ou trois hommes entraînent presque toujours le monarque ou le sénat.

On ne trouvera donc pas le bonheur de la société humaine en changeant et en bouleversant les formes déjà établies, mais en inspirant aux souverains , que la sûreté de leur empire dépend du bonheur de leurs sujets ; et aux peuples , que leur solide et vrai bonheur demande la subordination. La liberté sans ordre est un libertinage qui attire le despotisme ; l'ordre sans la liberté est un esclavage qui se perd dans l'anarchie.

D'un côté, on doit apprendre aux princes que le pouvoir sans bornes est une frénésie qui ruine leur propre autorité. Quand les souverains s'accoutument à ne connoître d'autres lois que leurs volontés absolues , ils sapent le fondement de leur puissance. Il viendra une révolution soudaine et violente, qui, loin de modérer simplement leur autorité excessive, l'abattra sans ressource.

D'un autre côté, on doit enseigner aux peuples, que les souverains étant exposés aux haines, aux jalousies , aux bévues involontaires , qui ont des conséquences affreuses, mais imprévues , il faut plaindre les rois et les excuser. Les hommes , à la vérité, sont malheureux d'avoir à être gouvernés par un roi qui n'est qu'un homme semblable à eux, car il faudroit des dieux pour redresser les hommes : mais les rois ne sont pas moins infortunés , n'étant qu'hommes , c'est-à-dire foibles et imparfaits , d'avoir à gouverner cette multitude innombrable d'hommes corrompus et trompeurs.

C'est par ces maximes , qui conviennent également à tous les Etats , et en conservant la subordination des rangs, qu'on peut concilier la liberté du peuple avec l'obéissance due aux souverains, rendre les hommes tout ensemble bons citoyens et fidèles sujets, soumis sans être esclaves, et libres sans être effrénés. Le pur amour de l'ordre est la source de toutes les vertus politiques, aussi bien que de toutes les vertus divines.

***

« Enfant de Saint-Louis, » disoit Fénélon au duc de Bourgogne, dans une de ses lettres : « Imitez votre père. Soyez comme
« lui, doux, humain, accessible, affa-
« ble, compatissant et libéral. Que votre
« grandeur ne vous empêche jamais de
« descendre avec bonté jusqu'aux plus
« petits, pour vous mettre à leur place;
« et que cette bonté n'affoiblisse jamais
« ni votre autorité, ni leur respect. Etu-
« diez sans cesse les hommes. Apprenez
« à vous en servir, sans vous livrer à
« eux. Allez chercher le vrai mérite jus-
« qu'au bout du monde : d'ordinaire, il
« demeure modeste et reculé. La vertu
« ne perce point la foule : elle n'a, ni
« avidité, ni empressement; elle se laisse

« oublier. Ne vous laissez point obséder
« par des esprits flatteurs et insinuants :
« faites sentir que vous n'aimez ni les
« louanges, ni les bassesses. Ne montrez
« de la confiance qu'à ceux qui ont le
« courage de vous contredire avec res-
« pect, et qui aiment mieux votre ré-
« putation que votre faveur.

 « Il est temps que vous montriez au
« monde une maturité et une vigueur
« d'esprit proportionnées au besoin pré-
« sent. Saint Louis, à votre âge, étoit déjà
« les délices des bons et la terreur des
« méchans. Laissez donc tous les amuse-
« ments de l'âge passé. Faites voir que vous
« pensez et que vous sentez ce qu'un prince
« doit penser et sentir. Il faut que les bons
« vous aiment, que les méchants vous
« craignent, et que tous vous estiment.
« Hâtez-vous de vous corriger, pour tra-
« vailler utilement à corriger les autres.

10.

« La piété n'a rien de foible, ni de
« triste, ni de gêné : elle élargit le cœur :
« elle est simple et aimable : elle se fait
« tout à tous, pour les gagner tous. Le
« royaume de Dieu ne consiste pas dans
« une scrupuleuse observation de petites
« formalités ; il consiste pour chacun
« dans les vertus propres à son état. Un
« grand prince ne doit point servir Dieu
« de la même façon qu'un solitaire, ou
« qu'un simple particulier.

« Saint Louis s'est sanctifié en grand
« Roi. Il étoit intrépide à la guerre, dé-
« cisif dans ses conseils, supérieur aux
« autres par la noblesse de ses senti-
« ments, sans hauteur, sans présomption,
« sans dureté. Il suivoit en tout les véri-
« tables intérêts de sa nation, dont il
« étoit autant le père que le Roi. Il
« voyoit tout de ses propres yeux dans
« les affaires principales. Il étoit appli-

« qué, prévoyant, modéré, droit et
« ferme dans les négociations ; en sorte
« que les étrangers ne se fioient pas moins
« à lui que ses propres sujets. Jamais
« prince ne fut plus sage pour policer
« les peuples, et pour les rendre tout
« ensemble bons et heureux. Il aimoit
« avec confiance et tendresse tous ceux
« qu'il devoit aimer ; mais il étoit ferme
« pour corriger ceux qu'il aimoit le plus,
« quand ils avoient tort. Il étoit noble
« et magnifique selon les mœurs de son
« temps, mais sans faste et sans luxe. Sa
« dépense, qui étoit grande, se faisoit
« avec tant d'ordre, qu'elle ne l'empê-
« choit pas de dégager tout son domaine.

« Soyez héritier de ses vertus, avant
« que de l'être de sa couronne. Invoquez-
« le avec confiance dans vos besoins. Sou-
« venez-vous que son sang coule dans
« vos veines, et que l'esprit de foi qui l'a

« sanctifié, doit être la vie de votre cœur.
« Il vous regarde du haut du ciel où il
« prie pour vous, et où il veut que vous
« régniez un jour en Dieu avec lui. Unis-
« sez votre cœur au sien. *Conservà, fili
« mî, præcepta patris tui* ».

Autant affectionné au bonheur du genre
humain en général, qu'à celui de sa propre nation en particulier, et autant ennemi de la violence et de la persécution,
qu'ami sincère de la justice et de l'équité,
voici les sages et judicieux conseils que
Fénélon donna au Prétendant lorsque ce
prince alla le voir à Cambrai, en 1709
ou 1710.

« Sur toutes choses, ne forcez jamais
« vos sujets à changer leur religion.
« Nulle puissance humaine ne peut for-
« cer le retranchement impénétrable de
« la liberté du cœur. La force ne peut

« jamais persuader les hommes : elle ne
« fait que des hypocrites. Quand les Rois
« se mêlent de religion, au lieu de la
« protéger, ils la mettent en servitude.
« Accordez à tous la tolérance civile : non
« en approuvant tout, comme indiffé-
« rent, mais en souffrant avec patience
« tout ce que Dieu souffre, et en tâchant
« de ramener les hommes par une douce
« persuasion.

« Considérez attentivement quels sont
« les avantages que vous pouvez tirer de
« la forme du gouvernement de votre
« pays, et des égards que vous devez
« avoir pour votre sénat. Ce tribunal
« ne peut rien sans vous. N'êtes - vous
« pas assez puissant ? Vous ne pouvez
« rien sans lui. N'êtes - vous pas assez
« heureux d'être libre pour faire tout le
« bien que vous voudriez, et d'avoir les
« mains liées quand vous voudriez faire

« du mal? Tout prince sage doit sou-
« haiter de n'être que l'exécuteur des lois,
« et d'avoir un conseil suprême qui mo-
« dère son autorité. L'autorité paternelle
« est le premier modèle des gouverne-
« ments. Tout bon père doit agir de con-
« cert avec ses enfants les plus sages et
« les plus expérimentés. »

Le *Télémaque* où l'*utile* se trouve si industrieusement et si sagement enchâssé parmi l'*agréable*, est tout rempli de semblables conseils, qu'il seroit extrêmement à souhaiter pour le bonheur du genre humain, que les souverains de tous les Etats voulussent bien écouter et suivre, mais qu'il seroit tout-à-fait superflu de transcrire ici, vu que cet excellent ouvrage se rencontre partout, et entre les mains de tout le monde.

LETTRE

DE FÉNÉLON

A

LOUIS XIV.

LETTRE

DE FÉNÉLON

A

LOUIS XIV.

La personne, Sire, qui prend la liberté de vous écrire cette lettre, n'a
aucun intérêt en ce monde. Elle ne l'é-
crit ni par chagrin, ni par ambition, ni
par envie de se mêler des grandes affaires. Elle vous aime sans être connue
de vous; elle regarde Dieu en votre personne. Avec toute votre puissance, vous
ne pouvez lui donner aucun bien qu'elle

desire, et il n'y a aucun mal qu'elle ne
souffrît de bon cœur pour vous faire connoître les vérités nécessaires à votre salut. Si elle vous parle fortement, n'en
soyez pas étonné, c'est que la vérité est
libre et forte. Vous n'êtes guère accoutumé à l'entendre. Les gens accoutumés
à être flattés prennent aisément pour
chagrin, pour âpreté et pour excès, ce
qui n'est que la vérité toute pure. C'est
la trahir, que de ne vous la montrer pas
dans toute son étendue. Dieu est témoin
que la personne qui vous parle le fait
avec un cœur plein de zèle, de respect,
de fidélité, et d'attendrissement sur tout
ce qui regarde votre véritable intérêt.

Vous êtes né, SIRE, avec un cœur
droit et équitable, mais ceux qui vous
ont élevé, ne vous ont donné pour science
de gouverner que la défiance, la jalousie,
l'éloignement de la vertu, la crainte de

tout mérite éclatant, le goût des hommes souples et rampants , la hauteur, et l'attention à votre seul intérêt.

Depuis environ trente ans, vos principaux ministres ont ébranlé et renversé toutes les anciennes maximes de l'Etat, pour faire monter jusqu'au comble votre autorité , qui étoit devenue la leur, parce qu'elle étoit dans leurs mains. On n'a plus parlé de l'Etat ni des règles ; on n'a parlé que du Roi et de son bon plaisir. On a poussé vos revenus et vos dépenses à l'infini. On vous a élevé jusqu'au ciel pour avoir effacé, disoit-on, la grandeur de tous vos prédécesseurs ensemble , c'est-à-dire pour avoir appauvri la France entière , afin d'introduire à la cour un luxe monstrueux et incurable. Ils ont voulu vous élever sur les ruines de toutes les conditions de l'Etat, comme si vous pouviez être grand en ruinant tous vos sujets sur qui votre grandeur est fondée. Il est vrai que vous avez été jaloux de l'autorité, peut-être même trop dans les choses extérieures; mais pour le fond chaque ministre a été le maître dans l'étendue de son administration. Vous avez cru gouverner, parce que vous avez réglé les limites entre ceux qui gouvernoient. Ils ont bien montré au public leur puissance, et on ne l'a que trop sentie. Ils ont été durs, hautains, injustes, violents, de mauvaise foi. Ils n'ont connu d'autre règle, ni pour l'administration du dedans de l'Etat, ni pour les négociations étrangères, que de menacer, que d'écraser, que d'anéantir tout ce qui leur résistoit. Ils ne vous ont parlé que pour écarter de vous tout mérite qui pouvoit leur faire ombrage. Ils vous ont accoutumé à recevoir sans cesse des louanges outrées qui vont jusqu'à l'idolâtrie, et

que vous auriez dû , pour votre honneur,
rejeter avec indignation. On a rendu votre
nom odieux , et toute la nation françoise
insupportable à tous nos voisins. On n'a
conservé aucun ancien allié , parce qu'on
n'a voulu que des esclaves. On a causé
depuis plus de vingt ans des guerres san-
glantes. Par exemple , Sire, on fit entreprendre à votre Majesté, en 1672, la
guerre de Hollande pour votre gloire et
pour punir les Hollandois , qui avoient
fait quelque raillerie , dans le chagrin
où on les avoit mis en troublant les règles
du commerce établies par le cardinal de
Richelieu. Je cite en particulier cette
guerre , parce qu'elle a été la source de
toutes les autres. Elle n'a eu pour fondement qu'un motif de gloire et de ven-
geance , ce qui ne peut jamais rendre
une guerre juste ; d'où il s'ensuit que
toutes les frontières que vous avez éten-

dues par cette guerre sont injustement acquises dans l'origine. Il est vrai, SIRE, que les traités de paix subséquents semblent couvrir et réparer cette injustice, puisqu'ils vous ont donné les places conquises : mais une guerre injuste n'en est pas moins injuste pour être heureuse. Les traités de paix signés par les vaincus ne sont point signés librement : on signe le couteau sous la gorge : on signe malgré soi pour éviter de plus grandes pertes : on signe, comme on donne sa bourse quand il la faut donner ou mourir. Il faut donc, SIRE, remonter jusqu'à cette origine de la guerre de Hollande, pour examiner devant Dieu toutes vos conquêtes.

Il est inutile de dire qu'elles étoient nécessaires à votre État : le bien d'autrui ne nous est jamais nécessaire. Ce qui nous est véritablement nécessaire, c'est d'ob-

server une exacte justice. Il ne faut pas
même prétendre que vous soyez en droit
de retenir toujours certaines places, parce
qu'elles servent à la sûreté de vos frontières. C'est à vous à chercher cette sûreté par de bonnes alliances, par votre
modération, ou par les places que vous
pouvez fortifier derrière ; mais enfin, le
besoin de veiller à notre sûreté ne nous
donne jamais un titre de prendre la terre
de notre voisin. Consultez là-dessus des
gens instruits et droits ; ils vous diront
que ce que j'avance est clair comme le
jour.

En voilà assez, SIRE, pour reconnoître
que vous avez passé votre vie entière hors
du chemin de la vérité et de la justice,
et par conséquent hors de celui de l'E-
vangile. Tant de troubles affreux qui ont
désolé toute l'Europe depuis vingt ans,
tant de sang répandu, tant de scandales

commis, tant de provinces saccagées,
tant de villes et de villages mis en cen-
dres, sont les funestes suites de cette
guerre de 1672, entreprise pour votre
gloire et pour la confusion des faiseurs
de gazettes et de médailles de Hollande.
Examinez, sans vous flatter, avec des
gens de bien, si vous pouvez garder tout
ce que vous possédez en conséquence des
traités auxquels vous avez réduit vos
ennemis par une guerre si mal fondée.

Elle est encore la vraie source de tous
les maux que la France souffre. Depuis
cette guerre vous avez toujours voulu
donner la paix en maître, et imposer les
conditions, au lieu de les régler avec
équité et modération. Voilà ce qui fait
que la paix n'a pu durer. Vos ennemis,
honteusement accablés, n'ont songé qu'à
se relever et qu'à se réunir contre vous.
Faut-il s'en étonner? Vous n'avez pas

même demeuré dans les termes de cette paix que vous aviez donnée avec tant de hauteur. En pleine paix vous avez fait la guerre et des conquêtes prodigieuses. Vous avez établi une chambre des réunions pour être tout ensemble juge et partie : c'étoit ajouter l'insulte et la dérision à l'usurpation et à la violence. Vous avez cherché dans le traité de Westphalie des termes équivoques pour surprendre Strasbourg. Jamais aucun de vos ministres n'avoit osé depuis tant d'années alléguer ces termes dans aucune négociation, pour montrer que vous eussiez la moindre prétention sur cette ville. Une telle conduite a réuni et animé toute l'Europe contre vous. Ceux même qui n'ont pas osé se déclarer ouvertement souhaitent du moins avec impatience votre affoiblissement et votre humiliation, comme la seule ressource pour la liberté et pour

le repos de toutes les nations chrétiennes.
Vous qui pouviez, SIRE, acquérir tant
de gloire solide et paisible à être le père
de vos sujets et l'arbitre de vos voisins,
on vous a rendu l'ennemi commun de vos
voisins, et on vous expose à passer pour
un maître dur dans votre royaume.

Le plus étrange effet de ces mauvais
conseils, est la durée de la ligue formée
contre vous. Les alliés aiment mieux faire
la guerre avec perte que de conclure la
paix avec vous, parce qu'ils sont persuadés, sur leur propre expérience, que
cette paix ne seroit point une paix véritable, que vous ne la tiendriez non plus
que les autres, et que vous vous en serviriez pour accabler séparément sans peine
chacun de vos voisins dès qu'ils se seroient désunis. Ainsi, plus vous êtes
victorieux, plus ils vous craignent et se
réunissent pour éviter l'esclavage dont

ils se croient menacés. Ne pouvant vous vaincre, ils prétendent du moins vous épuiser à la longue. Enfin ils n'espèrent plus de sûreté avec vous qu'en vous mettant dans l'impuissance de leur nuire. Mettez-vous, Sire, un moment en leur place, et voyez ce que c'est que d'avoir préféré son avantage à la justice et à la bonne foi.

Cependant vos peuples, que vous devriez aimer comme vos enfants, et qui ont été jusqu'ici si passionnés pour vous, meurent de faim. La culture des terres est presque abandonnée ; les villes et la campagne se dépeuplent ; tous les métiers languissent et ne nourrissent plus les ouvriers. Tout commerce est anéanti. Par conséquent vous avez détruit la moitié des forces réelles du dedans de votre Etat, pour faire et pour défendre de vaines conquêtes au-dehors. Au lieu de tirer de l'argent de ce pauvre peuple , il faudroit lui faire l'aumône et le nourrir. La France entière n'est plus qu'un grand hôpital désolé et sans provision. Les magistrats sont avilis et épuisés. La noblesse, dont tout le bien est en décret, ne vit que de lettres d'Etat. Vous êtes importuné de la foule des gens qui demandent et qui murmurent. C'est vous-même, SIRE, qui vous êtes attiré tous ces embarras ; car tout le royaume ayant été ruiné , vous avez tout entre vos mains, et personne ne peut plus vivre que de vos dons. Voilà ce grand royaume si florissant sous un Roi qu'on nous dépeint tous les jours comme les délices du peuple , et qui le seroit en effet si les conseils flatteurs ne l'avoient point empoisonné.

Le peuple même (il faut tout dire), qui vous a tant aimé , qui a eu tant de confiance en vous, commence à perdre l'amitié, la confiance et même le respect. Vos victoires et vos conquêtes ne le réjouissent plus ; il est plein d'aigreur et de désespoir. La sédition s'allume peu-à-peu de toutes parts. Ils croient que vous n'avez aucune pitié de leurs maux, que vous n'aimez que votre autorité et votre gloire. Si le Roi, dit-on, avoit un cœur de père pour son peuple, ne mettroit-il pas plutôt sa gloire à leur donner du pain, et à les faire respirer après tant de maux, qu'à garder quelques places de la frontière qui causent la guerre? Quelle réponse à cela, SIRE ? Les émotions populaires qui étoient inconnues depuis si long-temps deviennent fréquentes. Paris même, si près de vous, n'en est pas exempt. Les magistrats sont contraints de tolérer l'insolence des mutins, et de faire couler sous main quelque monnoie pour les apaiser; ainsi on paie

ceux qu'il faudroit punir. Vous êtes réduit à la honteuse et déplorable extrémité, ou de laisser la sédition impunie,
et de l'accroître par cette impunité, ou
de faire massacrer avec inhumanité
des peuples que vous mettez au désespoir, en leur arrachant, par vos impôts
pour cette guerre, le pain qu'il tâchent
de gagner à la sueur de leurs visages.

Mais, pendant qu'ils manquent de
pain, vous manquez vous-même d'argent,
et vous ne voulez pas voir l'extrémité où
vous êtes réduit. Parce que vous avez
toujours été heureux, vous ne pouvez
vous imaginer que vous cessiez jamais de
l'être. Vous craignez d'ouvrir les yeux ;
vous craignez qu'on ne vous les ouvre ;
vous craignez d'être réduit à rabattre
quelque chose de votre gloire. Cette
gloire, qui endurcit votre cœur, vous
est plus chère que la justice, que votre

propre repos, que la conservation de vos peuples qui périssent tous les jours des maladies causées par la famine, enfin que votre salut éternel incompatible avec cette idole de gloire.

Voilà, Sire, l'état où vous êtes. Vous vivez comme ayant un bandeau fatal sur les yeux ; vous vous flattez sur les succès journaliers qui ne décident rien, et vous n'envisagez point d'une vue générale le gros des affaires qui tombe insensiblement sans ressource. Pendant que vous prenez, dans un rude combat, le champ de bataille et le canon de l'ennemi *, pendant que vous forcez les places, vous ne songez pas que vous combattez sur un terrain qui s'enfonce sous vos pieds, et que

* Ceci semble indiquer les batailles de Steinkerque et de Nerwinde, en 1692 et 1693, où la victoire se réduisit, en effet, à prendre le champ de bataille et une partie du canon.

vous allez tomber malgré vos victoires.

Tout le monde le voit, et personne n'ose vous le faire voir. Vous le verrez peut-être trop tard. Le vrai courage consiste à ne se point flatter, et à prendre un parti ferme sur la nécessité. Vous ne prêtez volontiers l'oreille, Sire, qu'à ceux qui vous flattent de vaines espérances. Les gens que vous estimez les plus solides, sont ceux que vous craignez et que vous évitez le plus. Il faudroit aller au-devant de la vérité, puisque vous êtes Roi, presser les gens de vous la dire sans adoucissement, et encourager ceux qui sont trop timides. Tout au contraire, vous ne cherchez qu'à ne point approfondir; mais Dieu saura bien enfin lever le voile qui vous couvre les yeux, et vous montrer ce que vous évitez de voir. Il y a long-temps qu'il tient son bras levé sur vous : mais il est lent à vous

frapper, parce qu'il a pitié d'un prince
qui a été toute sa vie obsédé de flatteurs,
et parce que, d'ailleurs, vos ennemis
sont aussi les siens. Mais il saura bien
séparer sa cause juste d'avec la vôtre qui
ne l'est pas, et vous humilier pour vous
convertir ; car vous ne serez chrétien
que dans l'humiliation. Vous n'aimez
point Dieu, vous ne le craignez même
que d'une crainte d'esclave ; c'est l'enfer
et non pas Dieu que vous craignez. Votre
religion ne consiste qu'en superstitions,
en petites pratiques superficielles. Vous
êtes comme les juifs dont Dieu dit : *Pendant qu'ils m'honorent des lèvres, leur
cœur est loin de moi.* Vous êtes scrupu-
leux sur des bagatelles, et endurci sur des
maux terribles. Vous n'aimez que votre
gloire et votre commodité. Vous rappor-
tez tout à vous comme si vous étiez le
Dieu de la terre, et que tout le r $\ldots$ te

n'eût été créé que pour vous être sacrifié·
C'est, au contraire, vous que Dieu n'a
mis au monde que pour votre peuple.
Mais hélas ! vous ne comprenez point ces
vérités. Comment les goûteriez-vous ?
Vous ne connoissez point Dieu, vous ne
l'aimez point, vous ne le priez point du
cœur, et vous ne faites rien pour le
connoître.

Vous avez un archevêque * corrompu,
scandaleux, incorrigible, faux, malin,
artificieux, ennemi de toute vertu, et
qui fait gémir tous les gens de bien. Vous
vous en accommodez parce qu'il ne songe
qu'à vous plaire par ses flatteries. Il y a
plus de vingt ans qu'en prostituant son
honneur, il jouit de votre confiance.
Vous lui livrez les gens de bien, vous

* Harlay de Chanvallon, alors archevêque de
Paris, mort en 1695.

lui laissez tyranniser l'église, et nul prélat vertueux n'est traité aussi bien que lui.

Pour votre confesseur *, il n'est pas vicieux, mais il craint la solide vertu, et il n'aime que les gens profanes et relâchés : il est jaloux de son autorité que vous avez poussée au-delà de toutes les bornes. Jamais confesseurs des Rois n'avoient fait seuls les évêques, et décidé de toutes les affaires de conscience. Vous êtes seul en France, SIRE, à ignorer qu'il ne sait rien, que son esprit est court et grossier, et qu'il ne laisse pas d'avoir son artifice avec cette grossièreté d'esprit. Les Jésuites même le méprisent, et sont indignés de le voir si facile à l'ambition ridicule de sa famille. Vous avez fait d'un religieux un ministre d'État ; il ne se connoît point en hommes, non plus qu'en

* Le P. La Chaise.

autre chose. Il est la dupe de tous ceux qui le flattent et lui font de petits présents. Il ne doute ni n'hésite sur aucune question difficile. Un autre très droit et très éclairé n'oseroit décider seul. Pour lui il ne craint que d'avoir à délibérer avec des gens qui sachent les règles. Il va toujours hardiment sans craindre de vous égarer; il penchera toujours au relâchement, et à vous entretenir dans l'ignorance. Du moins il ne penchera aux partis conformes aux règles, que quand il craindra de vous scandaliser. Ainsi, c'est un aveugle qui en conduit un autre, et, comme dit Jésus-Christ, *ils tomberont tous deux dans la fosse.*

Votre archevêque et votre confesseur vous ont jeté dans les difficultés de l'affaire de la régale, dans les mauvaises affaires de Rome; ils vous ont laissé engager par M. de Louvois dans celle de

Saint-Lazare, et vous auroient laissé mourir dans cette injustice, si M. de Louvois eût vécu plus que vous.

On avoit espéré, Sire, que votre conseil vous tireroit de ce chemin si égaré; mais votre conseil n'a ni force ni vigueur pour le bien. Du moins madame de M. et M. le D. de B. * devoient-ils se servir de votre confiance en eux pour vous détromper; mais leur foiblesse et leur timidité les déshonorent et scandalisent tout le monde. La France est aux abois; qu'attendent-ils pour vous parler franchement? que tout soit perdu! Craignent-ils de vous déplaire ? Ils ne vous aiment donc pas; car il faut être prêt à fâcher ceux qu'on aime plutôt que de les flatter ou de les trahir par son silence.

* Madame de Maintenon et M. le Duc de Beauvilliers.

A quoi sont-ils bons, s'ils ne vous montrent pas que vous devez restituer les pays qui ne sont pas à vous, préférer la vie de vos peuples à une fausse gloire, réparer les maux que vous avez faits à l'Eglise, et songer à devenir un vrai chrétien avant que la mort vous surprenne? Je sais bien que, quand on parle avec cette liberté chrétienne, on court risque de perdre la faveur des Rois. Mais votre faveur leur est-elle plus chère que votre salut? Je sais bien aussi qu'on doit vous plaindre, vous consoler, vous soulager, vous parler avec zèle, douceur et respect; mais enfin il faut dire la vérité. Malheur, malheur à eux s'ils ne la disent pas; et malheur à vous si vous n'êtes pas digne de l'entendre! Il est honteux qu'ils aient votre confiance sans fruit depuis tant de temps. C'est à eux à se retirer si vous êtes trop ombrageux, et si

vous ne voulez que des flatteurs autour
de vous. Vous demanderez peut - être,
Sire, qu'est-ce qu'ils doivent vous dire;
le voici : Ils doivent vous représenter
qu'il faut vous humilier sous la puissante main de Dieu, si vous ne voulez
qu'il vous humilie ; qu'il faut demander
la paix et expier par cette honte toute la
gloire dont vous avez fait votre idole;
qu'il faut rejeter les conseils injustes des
politiques flatteurs ; qu'enfin il faut rendre au plus tôt à vos ennemis, pour
sauver l'Etat, des conquêtes que vous ne
pouvez d'ailleurs retenir sans injustice.
N'êtes-vous pas trop heureux dans vos
malheurs, que Dieu fasse finir les pros-
pérités qui vous ont aveuglé * et qu'il

* Ceci semble prouver que cette lettre a été
écrite après l'affaire de La Hogue, en 1692 ,
premier *malheur* de Louis XIV , peut-être

vous contraigne de faire des restitutions essentielles à votre salut, que vous n'auriez jamais pu vous résoudre à faire dans un état paisible et triomphant? La personne qui vous dit ces vérités, Sire, bien loin d'être contraire à vos intérêts, donneroit sa vie pour vous voir tel que Dieu vous veut, et elle ne cesse de prier pour vous.

même après la prise de Pondichéry par les Hollandois, en 1693, qui pouvoit *obliger* le Roi à ces *restitutions* dont parle Fénélon. On peut conclure, avec certitude, qu'elle a été écrite en 1694.

M.ᵐᵉ DE MAINTENON.

A Paris, chez Ant. Aug. Renouard, Rue St. André des Arcs.

LETTRE

DE FÉNÉLON

A MADAME

DE MAINTENON.

* Cette Lettre que La Baumelle nomme *Avis à madame de Maintenon*, est tirée d'une copie écrite de la main de madame de Maintenon, intitulée : *Sur mes Défauts*. M. le maréchal de Villeroi l'ayant lue, écrivit à madame de G..... « Je vous renvoie le petit livre que vous m'avez confié : avouez qu'il y a un petit mouvement de vanité à faire parler de ses défauts. »

LETTRE

DE FÉNÉLON

A MADAME

DE MAINTENON.

Je ne puis, Madame, vous parler sur vos défauts, que douteusement et presque au hasard : vous n'avez jamais agi de suite avec moi; et je compte pour peu ce que les autres m'ont dit de vous : mais n'importe, je vous dirai ce que je pense, et Dieu vous en fera faire l'usage qu'il lui plaira.

Vous êtes ingénue et naturelle; de là vient que vous faites très bien, sans avoir besoin d'y penser, à l'égard de ceux pour qui vous avez du goût et de l'estime, mais trop froidement, dès que ce goût vous manque. Quand vous êtes sèche, votre sécheresse va assez loin. Je m'imagine qu'il y a dans votre fonds de la promptitude et de la lenteur. Ce qui vous blesse, vous blesse vivement.

Vous êtes née avec beaucoup de gloire, c'est-à-dire, de cette gloire qu'on nomme bonne et bien entendue, mais qui est d'autant plus mauvaise, qu'on n'a point de honte de la trouver bonne ; on se corrigeroit plus aisément d'une vanité sotte. Il vous reste encore beaucoup de cette gloire, sans que vous l'aperceviez. La sensibilité sur les choses qui la pourroient piquer jusqu'au vif, marque combien il s'en faut qu'elle ne soit éteinte. Vous tenez encore à l'estime des honnêtes gens, à l'approbation des gens de bien, au plaisir de soutenir votre prospérité avec modération, enfin à celui de paroître par votre cœur au-dessus de votre place.

Le *moi*, dont je vous ai parlé si souvent, est encore une idole que vous n'avez pas brisée. Vous voulez aller à Dieu de tout votre cœur, mais non par la perte du *moi* : au contraire, vous cherchez le *moi* en Dieu : le goût sensible de la prière et de la présence de Dieu vous soutient : mais si ce goût venoit à vous manquer, l'attachement que vous avez à vous-même et au témoignage de votre propre vertu, vous jetteroit dans une dangereuse épreuve. J'espère que Dieu fera couler le lait le plus doux, jusqu'à ce qu'il veuille vous sevrer et vous nourrir du pain des forts.

Mais comptez bien certainement que le moindre attachement aux meilleures choses, par rapport à vous, vous retardera plus que toutes les imperfections que vous pouvez craindre. J'espère que Dieu

13.

vous donnera la lumière, pour entendre ceci mieux que je ne l'ai expliqué..

Vous êtes naturellement bonne et disposée à la confiance, peut-être même un peu trop pour des gens de bien dont vous n'avez pas éprouvé assez à fond la prudence. Mais quand vous commencez à vous défier, je m'imagine que votre cœur se serre trop : les personnes ingénues et confiantes sont d'ordinaire ainsi , lorsqu'elles sont contraintes de se défier. Il y a un milieu entre l'excessive confiance qui se livre , et la défiance qui ne sait plus à quoi s'en tenir, lorsqu'elle sent que ce qu'elle croyoit tenir lui échappe. Votre bon esprit vous fera assez voir, que si les honnêtes gens ont des défauts auxquels il ne faut pas se laisser aller aveuglément , ils ont aussi un certain procédé droit et simple, auquel on reconnoît sûrement ce qu'ils sont.

Le caractère de l'honnête homme n'est point douteux et équivoque à qui le sait bien observer dans toutes ses circonstances. L'hypocrisie la plus profonde et la mieux déguisée n'atteint jamais jusqu'à la ressemblance de cette vertu ingénue : mais il faut se souvenir que la vertu la plus ingénue a de petits retours sur soi-même, et certaines recherches de son propre intérêt qu'elle n'aperçoit pas.

Il faut donc éviter également, et de soupçonner les gens de bien éprouvés jusqu'à un certain point, et de se livrer à toute leur conduite.

Je vous dis tout ceci, Madame, parce qu'en la place où vous êtes, on découvre tant de choses indignes, et on en entend si souvent d'imaginées par la calomnie, qu'on ne sait plus que croire. Plus on a d'inclination à aimer la vertu et à s'y

confier, plus on est embarrassé et troublé
en ces occasions. Il n'y a que le goût de
la vérité et un certain discernement de
la sincère vertu, qui puisse empêcher de
tomber dans l'inconvénient d'une défiance universelle, qui seroit un très grand
mal.

J'ai dit, Madame, qu'il ne faut se
livrer à personne : je crois pourtant qu'il
faut, par principe de christianisme et par
sacrifice de sa raison, se soumettre aux
conseils d'une seule personne qu'on a
choisie pour la conduite spirituelle : si
j'ajoute, une seule personne, c'est qu'il
me semble qu'on ne doit pas multiplier
les directeurs, ni en changer sans de
grandes raisons : car ces changements ou
mélanges produisent une incertitude et
souvent une contrariété dangereuse. Tout
au moins, on est retardé, au lieu d'a-
vancer, par tous ces différents secours.

Il arrive même d'ordinaire, que quand on a tant de différents conseils, on ne suit que le sien propre, par la nécessité où l'on se trouve de choisir entre tous ceux que l'on a reçus d'autrui.

Je conviens néanmoins, qu'outre les conseils d'un sage directeur, on peut, en diverses occasions, prendre des avis pour les affaires temporelles, qu'un autre peut voir de plus près que le directeur. Mais je reviens à dire qu'excepté la conduite spirituelle, pour laquelle on se soumet à un bon directeur, pour tout le reste qui est extérieur, on ne se doit livrer à personne.

On croit dans le monde que vous aimez le bien sincèrement ; beaucoup de gens ont cru long-temps qu'une bonne gloire vous faisoit prendre ce parti : mais il me semble que tout le public est désabusé, et qu'on rend justice à la pureté de vos motifs. On dit pourtant encore, et selon toute apparence, avec vérité, que vous êtes sèche et sévère ; qu'il n'est pas permis d'avoir des défauts avec vous ; et qu'étant dure à vous-même, vous l'êtes aussi aux autres : que quand vous commencez à trouver quelque foible dans les gens que vous avez espéré de trouver parfaits, vous vous en dégoûtez trop vite, et que vous poussez trop loin le dégoût.

S'il est vrai que vous soyez telle qu'on vous dépeint, ce défaut ne vous sera ôté que par une longue et profonde étude de vous-même.

Plus vous mourrez à vous-même par l'abandon total à l'esprit de Dieu, plus votre cœur s'élargira pour supporter les défauts d'autrui et pour y compâtir sans bornes. Vous ne verrez partout que misère : vos yeux seront plus perçants, et en découvriront encore plus que vous n'en voyez aujourd'hui : mais rien ne pourra ni vous scandaliser, ni vous surprendre, ni vous resserrer. Vous verrez la corruption dans l'homme, comme l'eau dans la mer.

Le monde est relâché, et néanmoins d'une sévérité impitoyable : vous ne ressemblerez point au monde : vous serez fidèle et exacte, mais compatissante et douce comme J. C. l'a été pour les pécheurs, pendant qu'il confondoit les Pharisiens dont les vertus extérieures étoient si éclatantes.

On dit que vous vous mêlez trop peu des affaires. Ceux qui vous parlent ainsi, sont inspirés par l'inquiétude, par l'envie de se mêler du gouvernement, et par le dépit contre ceux qui distribuent les grâces, ou par l'espoir d'en obtenir par vous.

Pour vous, Madame, il ne vous convient point de faire des efforts pour redresser ce qui n'est pas dans vos mains.

Le zèle du salut du Roi ne doit point vous faire aller au-delà des bornes que la Providence semble vous avoir marquées.

Il y a mille choses déplorables ; mais il faut attendre les moments, que Dieu seul connoît, et qu'il tient dans sa puissance.

Ce n'est pas la fausseté que vous aurez à craindre , tant que vous la craindrez. Les gens faux ne croient pas l'être : les vrais tremblent toujours de ne l'être pas. Votre piété est droite : vous n'avez jamais eu les vices du monde; et depuis long-temps vous en avez abjuré les erreurs.

Le vrai moyen d'attirer la grâce sur le Roi et sur l'Etat n'est pas de crier, ou bien de fatiguer le Roi : c'est de l'édifier de mourir sans cesse à vous-même : c'est d'ouvrir peu à peu le cœur de ce prince par une conduite ingénue, cordiale, patiente, libre néanmoins et enfantine dans cette patience.

Mais parler avec chaleur et avec âpreté, revenir souvent à la charge, dresser des batteries sourdement, faire des plans de sagesse humaine pour réformer ce qui a besoin de réforme, c'est vouloir faire le bien par une mauvaise voie : votre solidité rejette de tels moyens, et vous n'avez qu'à la suivre simplement.

Ce qui me paroît véritable touchant les affaires, c'est que votre esprit en est plus capable que vous ne pensez : vous vous défiez peut-être un peu trop de vous-même, ou bien vous craignez trop d'entrer dans des discussions contraires au goût que vous avez pour une vie tranquille et recueillie. D'ailleurs, je m'ima-

gine que vous craignez le caractère des
gens que vous trouvez sur vos pas, quand
vous entrez dans quelque affaire. Mais
enfin il me paroît que votre esprit naturel et acquis a bien plus d'étendue que
vous ne lui en donnez.

Je persiste à croire que vous ne devez
jamais vous ingérer dans les affaires d'E-
tat : mais vous devez vous en instruire
selon l'étendue de vos vues naturelles ;
et quand les ouvertures de la Providence
vous offriront de quoi faire le bien, sans
pousser trop loin le Roi au-delà de ses
bornes , il ne faut jamais reculer.

Je vous ai détaillé ce que le monde
dit ; voici, Madame, ce que j'ai à dire :

Il me paroît que vous avez encore un
goût trop naturel pour l'amitié, pour la
bonté de cœur et pour tout ce qui lie la
bonne société. C'est sans doute ce qu'il y
a de meilleur, selon la raison et la vertu

humaine; mais c'est pour cela même qu'il
y faut renoncer.

Ceux qui ont le cœur dur et même
froid, ont sans doute un très grand défaut
naturel : c'est même une grande imper-
fection qui reste dans leur piété ; car si
leur piété étoit plus avancée, elle leur
donneroit ce qui leur manque de ce côté-
là. Mais il faut compter que la véritable
bonté de cœur consiste dans la fidélité à
Dieu et dans le pur amour. Toutes les
générosités, toutes les tendresses naturelles ne sont qu'un amour-propre plus
rafiné, plus séduisant, plus flatteur, plus
aimable, et par conséquent plus diabo-
lique.

Je vous dis tout ceci sans nul intérêt
personnel ; car je suis assez sec dans ma
conduite et froid dans les commencements, mais assez chaud et tendre dans
le fond. Rien de tout ceci ne regarde

l'homme à l'égard duquel vous avez des devoirs d'un autre ordre : l'accroissement de la grâce qui a déjà fait tant de prodiges en lui, achevera d'en faire un autre homme. Mais je vous parle pour le seul intérêt de Dieu en vous : il faut mourir sans réserve à toute amitié.

Si vous ne teniez plus à vous, vous ne seriez pas non plus dans le desir de voir vos amis attachés à vous, que de les voir attachés au roi de la Chine. Vous les aimeriez du pur amour de Dieu, c'est-à-dire d'un amour parfait, infini, généreux, agissant, compatissant, consolant, égal, bienfaisant et tendre comme Dieu même. Le cœur de Dieu seroit versé dans le vôtre ; et votre amitié ne pourroit non plus avoir de défaut, que celui qui aimeroit en vous ; vous ne voudriez rien des autres, que ce que Dieu en voudroit, et uniquement pour lui. Vous seriez jalouse pour lui contre vous-même ; et si vous exigiez des autres une conduite plus cordiale, ce ne seroit que pour leur perfection et pour l'accomplissement des desseins de Dieu sur eux.

Ce qui vous blesse donc dans les cœurs resserrés, ne vous blesse qu'à cause que le vôtre est encore trop resserré au-dedans de lui-même. Il n'y a que l'amour-propre qui blesse l'amour - propre. L'amour de Dieu supporte avec condescendance l'infirmité de l'amour-propre , et attend en paix que Dieu le détruise. En un mot, Madame, le défaut de vouloir de l'amitié n'est pas moindre devant Dieu , que celui de manquer d'amitié. Le vrai amour de Dieu aime généreusement le prochain , sans espérance d'aucun retour.

Au reste , il faut tellement sacrifier à Dieu le *moi*, dont nous avons tant parlé, qu'on ne le recherche plus , ni pour la réputation , ni pour la consolation du témoignage qu'on se rend à soi-même sur ses bonnes qualités ou sur ses bons sentimens. Il faut mourir à tout sans réserve , et ne posséder pas même sa vertu par rapport à soi. Ce n'est point une obligation précise pour tous les chrétiens , mais je crois que c'est la perfection d'une âme qu'il a autant prévenue que la vôtre par ses miséricordes.

Il faut être prêt à se voir méprisé , haï , décrié, condamné par autrui , et à ne trouver en soi que trouble et condamnation , pour se sacrifier sans nul adoucissement au souverain domaine de Dieu, qui fait de sa créature selon son bon plaisir. Cette parole est dure à quiconque veut vivre en soi , et jouir pour soi-même de sa vertu : mais qu'elle est douce et consolante pour une âme qui aime au-

tant Dieu, qu'elle renonce à s'aimer elle-
même !

Vous verrez un jour combien les gens
qui sont dans cette disposition, sont grands
dans l'amitié. Leur cœur est immense,
parce qu'il tient de l'immensité de Dieu
qui les possède. Ceux qui entrent dans ces
vues de pur amour, malgré leur naturel
sec et serré, vont toujours s'élargissant
peu à peu. Enfin Dieu leur donne un cœur
semblable au sien, et des entrailles de
mère pour tout ce qu'il unit à eux.

Ainsi la vraie et pure piété, loin de
donner de la dureté et de l'indifférence,
tire de l'indifférence, de la sécheresse, de
la dureté de l'amour-propre qui se ré-
trécit en lui-même pour rapporter tout
à lui.

Pour vos devoirs, je n'hésite pas un
moment à croire que vous devez les ren-
fermer dans des bornes bien plus étroi-

tes que la plupart des gens trop zélés ne le voudroient.

Chacun, plein de son intérêt, veut vous y entraîner, et vous trouve insensible à la gloire de Dieu, si vous n'êtes autant échauffée que lui. Chacun veut même que votre avis soit conforme au sien, et sa raison la vôtre.

Vous pourrez peut-être, dans la suite, si Dieu vous en donne les facilités, faire des biens plus étendus. Maintenant vous avez la communauté de Saint-Cyr, qui demande beaucoup de soins : encore même voudrois-je que vous fussiez bien soulagée et déchargée de ce côté-là. Il vous faut des temps de recueillement et de repos, tant de corps que d'esprit. Vous devez suivre le courant des affaires générales, pour tempérer ce qui est excessif et redresser ce qui en a besoin. Vous devez, sans vous rebuter jamais, profiter de tout ce que Dieu vous met au cœur, et de toutes les ouvertures qu'il vous donne dans celui du Roi, pour lui ouvrir les yeux et pour l'éclairer, mais sans empressement, comme je vous l'ai souvent représenté.

Au reste, comme le Roi se conduit bien moins par des maximes suivies, que par l'impression des gens qui l'environnent, et auxquels il confie son autorité, le capital est de ne perdre aucune occasion pour l'obséder par des gens sûrs, qui agissent de concert avec vous pour lui faire accomplir, dans leur vraie étendue, ses devoirs dont il n'a aucune idée.

S'il est prévenu en faveur de ceux qui font tant de violences, tant d'injustices, tant de fautes grossières, il le seroit bientôt encore plus en faveur de ceux qui suivroient les règles et qui l'animeroient au bien. C'est ce qui me persuade que quand vous pourrez augmenter le crédit de MM. de Chevreuse et de Beauvilliers, vous ferez un grand coup. C'est à vous à vous mesurer pour les temps ; mais si la simplicité et la liberté ne peuvent point emporter ceci, j'aimerois mieux attendre jusqu'à ce que Dieu eût préparé le cœur du Roi. Enfin, le grand point est de l'assiéger, puisqu'il veut l'être ; de le gouverner, puisqu'il veut être gouverné : son salut consiste à être assiégé par des gens droits et sans intérêt.

Votre application à le toucher, à l'instruire, à lui ouvrir le cœur, à le garantir de certains pièges, à le soutenir quand il est ébranlé, à lui donner des vues de paix et surtout de soulagement des peuples, de modération, d'équité, de défiance à l'égard des conseils durs et violens, d'horreur pour les actes d'auto-

rité arbitraire, enfin d'amour pour l'É-
glise et d'application à lui chercher de
saints pasteurs, tout cela, dis-je, vous
donnera bien de l'occupation; car,
quoique vous ne puissiez point parler
de ces matières à toute heure, vous aurez besoin de perdre bien du temps pour
choisir les moments propres à insinuer
ces vérités. Voilà l'occupation que je mets
au-dessus de toutes les autres.

Après les heures de piété, vous devez aussi, ce me semble, travailler et
donner le temps nécessaire pour connoître par des gens sûrs les excellents
sujets en chaque profession, et les principaux désordres qu'on peut réprimer.
Il ne faut point avoir de rapporteurs qui
s'empressent à vous empoisonner du récit
de toutes les petites fautes des particuliers; mais il faut avoir des gens de
bien qui, malgré eux, soient chargés

en conscience de vous avertir des choses qui le mériteront : ceux-là ne vous diront que le nécessaire et laisseront le superflu aux tracassiers.

Vous devez aussi veiller pour soutenir dans leur emploi les gens de bien qui sont en fonction, empêcher les rapports calomnieux et les soupçons injustes, diminuer le faste de la cour quand vous le pourrez , faire entrer peu à peu Monseigneur dans toutes les affaires, empêcher que le venin de l'impiété ne se glisse autour de lui ; en un mot, être la sentinelle de Dieu , au milieu d'Israël , pour protéger tout le bien et pour réprimer tout le mal, mais suivant les bornes de votre autorité.

Pour Saint-Cyr, je croirois qu'une inspection générale et une attention suivie pour redresser dans ce général tout ce qui en aura besoin, suffit à une personne accablée de tant d'affaires , appelée à de plus grands biens, capable d'objets plus étendus.

Il faut encore ajouter que vous ne pouvez éviter d'écouter ceux qui voudront se plaindre ou vous avertir : tout cela va assez loin , ainsi je m'y bornerai.

Les bonnes œuvres que vous voulez tourner du côté de l'homme , me paroissent fort à propos : elles seront sans contradiction et sans embarras. Pour celles de Paris, je crois que vous y trouveriez des traverses continuelles qui vous commettroient trop.

Vous avez à la cour des personnes qui paroissent bien intentionnées : elles méritent que vous les traitiez bien et que vous les encouragiez; mais il y faut beaucoup de précaution ; car mille gens se feroient dévots pour vous plaire. Il paroîtroient touchés aux personnes qui vous approchent, et iroient par là à leur but ; ce seroit nourrir l'hypocrisie et vous exposer à passer pour trop crédule. Ainsi il faut connoître à fond la droiture et le désintéressement des gens qui paroissent se tourner à Dieu , avant que de leur montrer qu'on fait attention à ces commencements de vertu.

Si ce sont des femmes qui aient besoin d'être soutenues, faites-les aider par des personnes de confiance , sans que vous paroissiez vous-même.

Je crois que vous devez admettre peu de gens dans vos conversations pieuses, où vous cherchez à être en liberté. Ce qui vous est bon n'est pas toujours proportionné au besoin des autres. Jésus-Christ disoit : « J'ai d'autres choses à vous enseigner, mais vous ne pouvez pas encore les porter. » Les Pères de l'Eglise ne découvroient les mystères du christianisme à ceux qui vouloient se faire chrétiens, qu'à mesure qu'ils les trouvoient disposés à les croire.

En attendant que vous puissiez faire du bien par le choix des pasteurs, tâchez de diminuer le mal.

Pour votre famille, rendez-lui les soins qui dépendent de vous, selon les règles de modération que vous avez dans le cœur; mais évitez également deux choses; l'une de refuser de parler pour vos parents, quand il est raisonnable de le faire; l'autre de vous fâcher quand votre recommandation ne réussit pas.

Il faut faire simplement ce que vous devez, et prendre en paix et en humilité les mauvais succès : l'orgueil aimeroit mieux se dépiter, ou il prendroit le parti de ne parler plus, ou bien il éclateroit pour arracher ce qu'on lui refuse.

Il me paroît que vous aimez comme il faut vos parents, sans ignorer leurs défauts, et sans perdre de vue leurs bonnes qualités.

Enfin, Madame, soyez bien persuadée que pour la correction de vos défauts, et pour l'accomplissement de vos devoirs; le principal est d'y travailler par le dedans et non par le dehors.

Ce détail extérieur, quand vous vous y donneriez tout entière, sera toujours au-dessus de vos forces. Mais si vous laissez faire à l'esprit de Dieu ce qu'il faut pour vous faire mourir à vous-même, et pour couper jusqu'aux dernières racines du *moi*, les défauts tomberont peu à peu comme d'eux-mêmes, et Dieu élargira votre cœur, au point que vous ne serez embarrassée de l'étendue d'aucun devoir. Alors l'étendue de vos devoirs croîtra avec l'étendue de vos vertus et avec la capacité de votre fonds ; car Dieu vous donnera de nouveaux biens à faire, à proportion de la nouvelle étendue qu'il aura donnée à votre intérieur.

Tous nos défauts ne viennent que d'être encore attachés et recourbés sur nous-mêmes. C'est par le *moi*, qui veut mettre les vertus à son usage et à son point. Renoncez donc, sans hésiter jamais, à ce malheureux *moi*, dans les moindres choses où l'esprit de grâce vous fera sentir que vous le recherchez encore. Voilà le vrai et total crucifiement : tout le reste ne va qu'aux sens et à la superficie de l'âme. Tous ceux qui travaillent à mourir autrement, quittent la vie par un côté et la reprennent par plusieurs autres : ce n'est jamais fait.

Vous verrez par expérience, que quand on prend pour mourir à soi le chemin que je vous propose, Dieu ne laisse rien à l'âme, et qu'il la poursuit sans relâche, impitoyable, jusqu'à ce qu'il lui ait ôté le dernier souffle de vie propre, pour la faire vivre en lui dans une paix et une liberté d'esprit infinie.

LETTRE

CONFIDENTIELLE

DE FÉNÉLON

A

M. DE LOUVILLE.

La Lettre suivante est datée de Cambrai, du 10 octobre 1701, c'est-à-dire dix mois après l'établissement de Philippe V en Espagne. Elle a été récemment publiée dans les Mémoires du marquis de Louville, Paris, 1818, 2 vol. in-8, et c'est de l'aveu de l'Éditeur qu'on l'a reproduite ici. A son exemple, et quoique j'aie eu communication de la Lettre originale, j'ai cru n'en pas devoir imprimer le commencement qui n'a aucun intérêt, et n'est presque employé qu'au détail des précautions sans nombre dont l'archevêque de Cambrai étoit réduit à se servir pour correspondre avec ses élèves. La fin ou conclusion de la Lettre est pareillement supprimée dans les Mémoires de Louville; et l'Éditeur donne pour excellente raison de cette suppression, que cette fin n'est qu'une répétition des petites ruses de correspondance que l'on trouve au commencement. J'ai pensé néanmoins que, si pour éviter d'inutiles longueurs j'avois cru devoir m'abstenir de mettre le commencement de la Lettre, je n'avois pas un même motif pour la conclusion qui est de peu d'étendue. On la trouvera donc ici transcrite d'après l'original.

LETTRE

CONFIDENTIELLE

DE FÉNÉLON

A

M. DE LOUVILLE.

. . . . Que de précautions, Monsieur, pour le plus innocent de tous les secrets! nous ne voulons ni vous, ni moi, nous en servir pour aucune intrigue, ni vue humaine. Il ne s'agit que de commerce d'amitié, de consolation et d'épanchement de cœur. Si les maîtres le voyoient, ils ne verroient que franchise, droiture et zèle pour eux. Je vous dirai sans rien savoir, par aucun canal, de ce qui peut se passer dans votre cour, que vous ne sauriez trop vous borner à vos fonctions précises, ni trop vous défier des hommes. C'est par excès d'amitié que je me mêle de vous parler ainsi. Rendez votre esprit patient. Défiez-vous de vos premières et même de vos secondes vues; suspendez votre jugement; approfondissez peu à peu. Ne faites de mal à personne, mais fiez-vous à très peu de gens. Point de plaisanterie sur aucun ridicule. Nulle impatience sur aucun travers. Nulle vivacité pour vos préjugés contre ceux d'autrui. Embrassez les choses avec étendue pour les voir dans leur total, qui est leur seul point de vue véritable. Ne dites jamais que la vérité, mais supprimez-la toutes les fois que vous la diriez inutilement, par humeur ou par excès de confiance. Evitez, autant que vous le pourrez, les ombrages et les jalousies. Si modeste que vous puissiez être, vous n'apaiserez jamais les esprits jaloux. La nation au milieu de laquelle vous vivez est ombrageuse à l'infini, et l'est avec une profondeur impénétrable. Leur esprit naturel, faute de culture, ne peut atteindre aux choses solides, et se tourne tout entier à la finesse. Prenez-y garde. Songez aussi à tout ce que vous écrivez. N'écrivez que des choses sûres et utiles. Ne donnez les douteuses que pour douteuses. Écrivez simplement et avec une certaine exactitude sérieuse et modeste, qui fait plus d'honneur que les lettres les plus élégantes et les plus gracieuses. Proportionnez-vous au maître que vous servez. Il est bon, il a le cœur sensible au bien. Son esprit est solide et se mûrira tous les jours ; mais il est encore bien jeune. Il n'est pas possible qu'il ne lui reste,

malgré toute sa solidité, certains goûts de
cet âge, et même un peu de dissipation.
Il faut l'attendre et compter que chaque
année lui donnera quelque degré d'application et quelque autorité. Ne lui dites
jamais trop à-la-fois; ne lui donnez que
ce qu'il vous demandera. Arrêtez - vous
tout court dès que vous douterez s'il en
est fatigué. Rien n'est si dangereux que
de donner plus d'aliment qu'on n'en
peut digérer : le respect dû au maître, et
son vrai bien qu'on desire, demandent
une délicatesse, un ménagement et une
douce insinuation, que je prie Dieu de
mettre en vous. S'il vous paroît ne desirer point vos avis, demeurez dans un
respectueux silence, sans diminuer aucune marque de zèle et d'affection. Il ne
faut jamais se rebuter. Quand même la
vivacité de l'âge le feroit passer au-delà
de quelque borne, son fonds est bon,

sa religion est sincère, son courage est grand, et il aimera toujours les honnêtes gens qui desireront son vrai bien, sans le fatiguer par un zèle indiscret. Ce que je crains pour lui, c'est le poison de la flat terie, dont les plus sages rois ne se garantissent presque jamais. Ce piège est à craindre pour les bons cœurs. Ils aiment à être approuvés par les gens de mérite, et les hommes artificieux sont toujours les plus empressés à s'insinuer par des louanges flatteuses. Dès qu'on est en autorité, on ne peut plus se fier à la sincérité d'aucune louange. Les mauvais princes sont les plus loués, parce que les scélérats qui connoissent leur vanité, espèrent de les prendre par ce côté foible. On a bien plus à craindre et à espérer auprès d'eux qu'auprès des bons princes, parce qu'ils sont capables de prodiguer les honneurs et de pousser loin

la violence. Jamais empereurs ne furent
autant loués que Caligula, Néron, Do-
mitien. Si les meilleurs rois y faisoient
bien réflexion, ces exemples les ren-
droient timides sur les louanges les mieux
méritées. Ils craindroient toujours d'y
être trompés, et prendroient le parti le
plus sûr, qui est de les rejeter toutes.
Les vrais honnêtes gens admirent peu, et
louent même avec simplicité et modération les meilleures choses. Cela est bien
sec pour les princes accoutumés aux ex-
clamations, aux applaudissements, à l'en-
cens prodigué sans cesse. Les malhonnêtes
gens ne louent un prince que pour en
tirer quelque bienfait. C'est l'ambition
qui se joue de la vanité et qui la flatte
pour la mener à ses fins. C'est le tailleur
qui appelle M. Jourdain, monseigneur,
pour lui attraper un écu. Un grand roi
doit être indigné qu'on le suppose si

vain et si foible. Nul homme ne doit être assez hardi pour le louer en face. C'est lui manquer de respect. Vous savez que Sixte V défendit sévèrement de le louer.

Un roi n'a plus d'autre honneur, ni d'autre intérêt que celui de la nation qu'il gouverne. On jugera de lui par le gouvernement de son royaume, comme on juge d'un horloger, par les horloges de sa façon, qui vont bien ou mal.

Un royaume est bien gouverné quand on travaille, sans relâche, autant qu'on le peut, à ces choses : 1° à le peupler ; 2° à faire que tous les hommes travaillent selon leurs forces pour bien cultiver les terres ; 3° à faire que tous les hommes soient bien nourris, pourvu qu'ils travaillent ; 4° à ne souffrir ni fainéants, ni vagabonds ; 5° à récompenser le mérite ; 6° à punir tous les désordres ; 7° à tenir tous les corps et tous les particuliers, quelque puissants qu'ils soient, dans la subordination ; 8° à modérer l'autorité royale en sa propre personne, de façon que le roi ne fasse rien par hauteur, par violence, par caprice ou par foiblesse, contre les lois; 9° à ne se livrer à aucun ministre ni favori. Il faut écouter les divers conseils, les comparer, les examiner sans prévention ; mais il ne faut jamais se livrer aveuglément, en aucun genre, à aucun homme. C'est le gâter s'il est bon, c'est se trahir soi-même s'il est mauvais.

Par cette conduite, un roi fait véritablement les fonctions de roi, c'est-à-dire, de père et de pasteur des peuples. Il travaille à les rendre justes, sages et heureux. Il doit croire qu'il ne fait son devoir que quand il est la houlette en main à faire paître son troupeau, à l'abri

des loups. On ne doit croire son peuple
bien gouverné que quand tout le monde
travaille, est nourri et obéit aux lois.
Il y doit obéir lui-même, car il doit
donner l'exemple, et il n'est qu'un simple
homme comme les autres, chargé de se
dévouer pour leur repos et pour leur
bonheur.

Il faut qu'il fasse obéir aux lois et
non pas à lui-même. S'il commande, ce
n'est pas pour lui, c'est pour le bien de
ceux qu'il gouverne. Il ne doit être que
l'homme des lois et l'homme de Dieu. Il
porte le glaive pour se faire craindre des
méchants. Il est dit que tous les peuples
craignirent le roi, voyant la sagesse qui
étoit en lui, (c'est Salomon). Rien ne
fait tant craindre un roi que de le voir
égal, ferme, se possédant, ne précipitant
rien, écoutant tout, et ne décidant jamais qu'après un examen tranquille.

16.

Si un jeune prince est assez heureux pour n'avoir ni favoris ni maîtresse, et s'il ne croit aucun de ses ministres qu'autant qu'il reconnoît devant Dieu que son avis est meilleur que celui des autres, il sera bientôt craint, révéré et aimé. Il doit être fort attentif aux bonnes raisons d'un chacun ; mais il ne doit jamais se laisser décider ni par la qualité des personnes, ni par certains tons décisifs, qui imposent. Il doit accoutumer les premières personnes à proposer simplement leurs pensées et à attendre en silence sa résolution. Cet ascendant sur ceux qui l'approchent est le point capital ; mais il ne peut le prendre tout-à-coup. Un jeune roi, quoiqu'il ne soit pas moins roi et maître qu'un autre plus âgé, ne peut avoir la même autorité sur les hommes. Par exemple, le roi catholique sera fort heureux s'il peut, dans quarante ans, se

faire obéir comme le roi notre maître
est maintenant obéi dans tout son royaume. Un jeune roi qui arrive dans un
royaume, où il est étranger, et d'une
nation que l'Espagnol regardoit comme
ennemie, doit se faire à la nation, se
plier aux coutumes, s'accommoder aux
préjugés, surtout s'instruire des lois du
pays et les garder religieusement. A mesure que son application et son expérience croîtront, il verra croître aussi
son autorité. D'abord il doit se ménager
et n'entreprendre que les choses d'une
nécessité absolue. Ce qu'il est impossible
de redresser aujourd'hui se redressera
dans dix ans, peu-à-peu et presque de
soi-même. Qu'il écoute facilement, mais
qu'il ne croye que sur des preuves claires;
qu'on ne gagne jamais rien ni à lui parler
le premier, ni à lui parler le dernier.
Le premier et dernier parlans doivent

être égaux : c'est le fonds des raisons qui doit décider. Qu'il étudie les hommes ; qu'il ne se fie jamais aux flatteurs ; qu'il examine les talents de chacun ; que les bonnes qualités d'un homme ne lui fassent jamais perdre de vue ses défauts ; qu'il craigne de s'engouer. Chaque homme a ses défauts. Dès qu'on n'en voit pas dans un homme, on le connoit mal, et on ne doit plus se croire. La grande fonction d'un roi est de savoir choisir les hommes, les placer, les régler, les redresser. Il gouverne assez quand il sait bien gouverner par ses subalternes.

Si le roi doit tant prendre sur lui, être si modéré, si appliqué, que ne doivent pas faire ceux qui ont l'honneur d'être auprès de lui. Je prie Dieu tous les jours pour Sa Majesté et aussi pour vous, Monsieur, que j'aime et que j'honore du fond du cœur.

J'oubliois de vous dire que personne
n'est plus persuadé que moi que le roi
catholique est né avec une parfaite valeur et même avec des grands sentiments
d'honneur en toutes choses. J'en ai vu
des marques dès sa plus tendre enfance.
J'avoue que c'est un grand point à un
roi que d'être intrépide à la guerre;
mais le courage de la guerre est bien
moins d'usage à un si grand prince que
le courage des affaires. Quand se trou-
vera-t-il au milieu d'un combat ? Peut-
être jamais ! Il sera, au contraire, tous
les jours, aux prises avec les autres et
avec lui-même, au milieu de sa cour. Il
lui faut un courage à toute épreuve contre
un ministre artificieux, contre un favori
indiscret, contre une femme qui voudra
être sa maîtresse. Il lui faut du courage
contre les flatteurs, contre les plaisirs,
contre les amusements qui le jetteroient

dans l'inapplication ; il faut qu'il soit courageux dans le travail, dans les mécomptes, dans le mauvais succès. Il faut du courage contre l'importunité, pour savoir refuser sans rudesse et sans impatience. Le courage de guerre, qui est plus brillant, est infiniment inférieur à ce courage de toute la vie et de toutes les heures. C'est celui-là qui donne la véritable autorité, qui prépare les grands succès, qui surmonte les grands obstacles, et qui mérite la véritable gloire. François Ier étoit un héros dans une bataille ; mais c'étoit la foiblesse même entre ses maîtresses et ses favoris. Il dépensoit honteusement, dans sa cour, toute la gloire qu'il avoit gagnée à Marignan : aussi tout alloit de travers, et rien ne réussissoit. Charles, dit *le Sage*, ne pouvoit aller à la guerre à cause de ses infirmités; mais sa bonne et forte tête régloit la guerre même : il étoit supérieur à ses ministres et à ses généraux. Le roi notre maître s'est acquis plus d'estime par sa fermeté pour régler les finances, pour discipliner les troupes, pour réprimer les abus, et par les ordres qu'il a donnés pour la guerre, que par sa présence dans plusieurs sièges périlleux. Son courage patient à Namur y fit plus que la valeur même de ses troupes.

Dites toutes ces choses, monsieur, comme vous le jugerez à propos. Je vous les donne telles que je les pense. Vous saurez les accommoder au besoin, et je ne doute point que vous n'ayez parfaitement à cœur la réputation et le bonheur du Roi auquel vous êtes attaché. Pour moi, je souhaite ardemment qu'il soit un grand roi et un vrai saint, digne descendant de Saint-Louis.

Je vous ai proposé l'ordre à garder

pour les enveloppes, afin qu'il y en ait le moins qu'il se pourra. Le bon père de Montazet trouvera, sous l'enveloppe qui s'adressera à lui, la lettre pour M. *l'abbé de Chanteraque.* Il en remettra une autre pour son neveu à Paris. De là jusqu'ici tout marchera en sûreté. La multitude des enveloppes donne du soupçon, parce qu'on sent les cachets, et que les paquets en sont même plus épais. De la façon que je vous propose de faire, il n'y aura que deux enveloppes. Si vous aviez quelque adresse à nous marquer bien sûre à Madrid, avec une orthographe, pour quelqu'un de ce pays-là, comme celle que je vous propose pour M. l'abbé de *Chanteraque*, au lieu de *Chanterac,* les lettres iroient tout de même jusqu'à vous, sans qu'il parût jamais à la poste qu'elles sont pour vous, et sans courir risque qu'elles fussent jamais ouvertes par celui à qui

elles paroîtroient s'adresser; mais je ne
vous conseille pas de montrer le moindre
air de mystère à des gens qui pourroient
soupçonner qu'il y en a , et s'en prévaloir en vous trahissant. Le cachet de ce
paquet-ci est un oiseau avec une couronne en chef, deux oiseaux pour sup-
port et un casque. Je serai toute ma
vie, monsieur, sans réserve, V. T. H. et
T. O. S.

FIN.

La personne, Sire, qui prend la liberté de vous
cette lettre, n'a aucun interest en ce monde. elle
ni par chagrin, ni par ambition, ni par envie de
des grandes affaires. elle vous aime sans être con
vous, elle regarde, Dieu en votre personne
avec toute votre puissance vous ne pouvez
aucun bien qu'elle désire, et il n'y a aucun mal
ne souffrir de oin icelui pour vous faire connoître
nécessaires a votre salut. si elle vous parle forte
soyez pas étonné, c'est que la verité est libre et po
n'êtes gueres accoutumé à l'entendre. les gens

TABLE.

FIN DE LA TABLE.